1. Auflage Februar 2020
© 2020 edulink GmbH, Schubertstr. 12, 80336 München
Alle Rechte vorbehalten
Internetadressen: www.edu-link.de
                    www.testasprep.com

Druck und Bindung: Amazon Distribution GmbH, Leipzig
Printed in Germany

ISBN 9798614627195

Deine Meinung ist uns wichtig! Anregungen, Lob oder Kritik: info@edu-link.de

TestAS, die Gesellschaft für Akademische Studienvorbereitung und Testentwicklung e.V. und ITB Consulting GmbH haben keinerlei Verbindung zu diesem Produkt.

Simulation für den TestAS – Kerntest und Geistes-, Kultur- und Gesellschaftswissenschaften

Özveri Bauschmid

WIR BITTEN UM DEINE MITHILFE!

Um unsere Vorbereitungsbücher weiterhin auf dem aktuellsten Stand zu halten und um eine bestmögliche Vorbereitung auf den TestAS zu gewährleisten, bitten wir Dich um Deine Hilfe. Wenn Du Verbesserungsvorschläge hast (z.B. neue Fragetypen, die wir in unseren Büchern nicht aufgeführt haben oder andere Hinweise für eine effizientere Vorbereitung), dann schicke uns Dein Feedback mit dem Betreff „FEEDBACK" an info@edu-link.de. Wir schätzen Deine Unterstützung sehr. Bitte beachte hierzu unsere Datenschutzbestimmungen und rechtlichen Hinweise auf Seite 197.

Monatlich 25 EUR Amazon Gutschein für das nützlichste Feedback

Als Dankeschön bieten wir monatlich einen Amazon Deutschland Gutschein über 25 EUR für das hilfreichste Feedback. Dazu wird jeden Monat aus allen Einsendungen durch eine Jury aus Mitarbeitern der edulink GmbH das hilfreichste Feedback basierend auf Ausführlichkeit und Genauigkeit bestimmt. Der/die Einsender/in erhält dann von uns einen Amazon Gutschein. Diese Aktion geht von Februar 2020 bis einschließlich Januar 2021. Einsendeschluss ist jeweils der letzte Tag des Monats.

Vielen Dank!
Dein edulink Team

VORWORT

Ein Studium in Deutschland ist sehr attraktiv. Es gibt unzählige sehr gute Hochschulen, auch auf internationalem Niveau – laut The Times World University Ranking 2019 sind unter den weltweit 300 besten Universitäten 35 in Deutschland. Ein deutscher Bachelor- oder Masterabschluss bietet auf der ganzen Welt hervorragende Berufschancen. Studienprogramme in englischer Sprache, sowie zahlreiche Fördermöglichkeiten eines internationalen Studiums (z.B. ERASMUS) machen ein Studium in Deutschland auch für Schülerinnen und Schüler aus dem Ausland überaus interessant. Trotz des hohen Standards in der Lehre ist Studieren in Deutschland darüber hinaus sehr günstig: Seit dem Jahr 2013 gibt es an den meisten staatlichen Universitäten (außer z.B. in Baden-Württemberg) auch für Nicht-EU-Bürger keine Studiengebühren mehr. Es ist also nicht weiter verwunderlich, dass die Bewerberzahlen aus dem Ausland an deutschen Hochschulen steigen und dadurch die Hochschulen strengere Zulassungskriterien für Nicht-EU Bewerber benutzen müssen.

Viele ausländische Studienbewerber empfinden es als schwierig, an einer deutschen Hochschule angenommen zu werden. Das Hauptproblem liegt dabei in den meisten Fällen nicht an zu schlechten (Schul-) Leistungen der Bewerber, sondern vielmehr am komplizierten Bewerbungsprozess an sich. In Deutschland herrscht bei dem Großteil der Studiengänge ein dezentrales Bewerbungssystem. Das heißt, dass jede Hochschule ihr eigenes Bewerbungsverfahren hat und somit unterschiedliche Anforderungen an die Bewerber stellt.

Über die Jahre hat sich herausgestellt, dass Bewerber, die am Test für Ausländische Studierende (TestAS) teilnahmen und ein gutes Ergebnis erzielten, höhere Chancen haben, an bestimmten deutschen Hochschulen angenommen zu werden. Vor allem bei naturwissenschaftlichen, wirtschaftswissenschaftlichen und medizinischen Studiengängen kann ein gutes Ergebnis von großem Vorteil sein.

Der TestAS ist eine standardisierte Prüfung für Abiturienten aus Ländern außerhalb der Europäischen Union, die an einer deutschen Hochschule studieren möchten. Er wird von der Gesellschaft für Akademische Studienvorbereitung und Testentwicklung e.V. angeboten. Der TestAS ist eine freiwillige Prüfung, welche die kognitiven und intellektuellen Fähigkeiten von Schülern testet. Sie misst die akademische Eignung eines Schülers und wird seit 2007 angewandt, um die Bewerbung und Anerkennung an Hochschulen zu vereinfachen. Die Prüfung kann auf Deutsch, Englisch und in manchen Fällen auch auf Arabisch abgelegt werden.

Gute TestAS-Ergebnisse bringen Bewerbern Vorteile im Bewerbungsprozess mancher Hochschulen. Teilnehmende Hochschulen können die Fähigkeiten potentieller

Studierender bewerten und darauf basierend eine Zulassungsentscheidung treffen. Deshalb kann ein gutes Testergebnis die Chancen des Bewerbers auf eine Zulassung an der gewünschten Hochschule und für den gewünschten Studiengang erhöhen. Gute Ergebnisse sind außerdem ein Zeichen dafür, dass ein Studierender gute Chancen hat, das gewählte Studienprogramm erfolgreich abzuschließen.

Der TestAS besteht aus zwei Teilen: dem Kerntest und einem Fachmodul. Der Kerntest besteht aus vier Teilen und testet Deine allgemeinen kognitiven Fähigkeiten. Unsere drei Vorbereitungsbücher zum Kerntest helfen Dir diesen Testabschnitt zu meistern. Das Fachmodul wird aus vier zur Auswahl stehenden Möglichkeiten von Dir selbst gewählt, je nachdem, für welche Fachrichtung Du Dich bewerben möchtest (Mathematik und Naturwissenschaften, Ingenieurwissenschaften, Wirtschaftswissenschaften oder Geisteswissenschaften), und testet Dein Talent in diesem speziellen Bereich.

Bei diesem Buch handelt es sich um einen Simulationstest. Für jeden Aufgabentyp des Kerntests und Fachmoduls „Geistes-, Kultur- und Gesellschaftswissenschaften" findest du einen kompletten Übungstest mit Lösungen und ausführlichen Erläuterungen.

Auf unserer Homepage www.testasprep.com findest Du unsere Bücher für den TestAS als E-Book auf Deutsch und auf Englisch, sowie viele nützliche Informationen zur Prüfung. Unsere Vorbereitungsbücher auf Deutsch sind zusätzlich auf Amazon als gedrucktes Buch erhältlich.

Wir wünschen Dir viel Erfolg bei den Vorbereitungen und bei der Prüfung!

Herzliche Grüße,
Dein edulink Team

Inhaltsverzeichnis

EINFÜHRUNG IN DEN SIMULATIONSTEST

VORTEILE EINES SIMULATIONSTESTS

Liebe Leserin, lieber Leser,

ein grundlegendes Verständnis des Testformats, welches die Testfragen und die Prüfungssituation umfasst, wird Dir dabei helfen, Deine Schwächen zu erkennen. Auf diese Weise kannst Du Deinen aktuellen Wissensstand überprüfen, Dich mit dem Testformat vertraut machen und auf Grundlage dessen eine effektive Vorbereitungsstrategie entwickeln.

Die Testsimulation bietet Dir die Möglichkeit, die Prüfung unter realen Bedingungen zu absolvieren. Du lernst den Ablauf der Prüfung kennen, setzt Dich mit den Fragetypen auseinander und gewinnst einen guten Eindruck davon, was Dich erwartet. So kannst Du feststellen, wie schwierig es sein kann, sich derart lange zu konzentrieren und außerdem bekommst Du einen guten Eindruck davon, wie viel Zeit Du Dir bei den einzelnen Aufgaben lassen kannst.

Wir raten Dir dazu, den Simulationstest **in einer einzelnen Sitzung** zu absolvieren. Plane auch genügend Zeit ein, um im Anschluss an die Simulation Deine Testergebnisse zu analysieren. Auf diese Weise kannst Du zielorientiert mögliche Wissenslücken schließen und am Testtag selbst ein noch besseres Resultat erzielen. Die Testfragen wurden sorgfältig ausgewählt und basieren auf langer Recherche und zahlreichen Erfahrungen. Um die Prüfungssituation bestmöglich zu simulieren, haben auch die Fragen unterschiedliche Schwierigkeitsstufen.

Dieser Simulationstest wurde als Ergänzung zu unserer Reihe der TestAS-Vorbereitungsbücher konzipiert. Für eine umfassendere Behandlung der in der Prüfung abgefragten Themen stehen Dir sowohl unsere Kerntestbücher als auch die beiden Bücher zum Fachmodul Geistes-, Kultur- und Gesellschaftswissenschaften zur Verfügung. Dort geben wir Dir Empfehlungen für Antwortstrategien zu verschiedenen Fragetypen, tiefgreifende Erklärungen zu gängigen Testthemen, die in vergangenen Tests regelmäßig abgefragt wurden, sowie viele Übungsfragen mit detaillierten Antworten. Wir empfehlen Dir, Dich zuerst mit den Vorbereitungsbüchern für den Kerntest und für das Fachmodul Geistes-, Kultur- und Gesellschaftswissenschaften vorzubereiten und anschließend mit dem Simulationstest zu üben.

Wir hoffen, dass Du mit dem nachfolgenden Test einen umfassenden Überblick darüber bekommst, welches Wissen von Dir erwartet wird und möchten Dir so ermöglichen, eine gewisse Vertrautheit mit den Fragetypen des Fachtests zu entwickeln.

Wir wünschen Dir viel Erfolg!

AUFBAU DES TESTS

Der Test besteht aus sieben Aufgabenblöcken, die sich aus einem „Kerntest" und einem „fachspezifischen Test" (Geistes-, Kultur und Gesellschaftswissenschaften) zusammensetzen.

Der Kerntest setzt sich aus vier Aufgabenblöcken zusammen:

- Quantitative Probleme lösen
- Beziehungen erschließen
- Muster ergänzen
- Zahlenreihen fortsetzen

Hinzu kommen drei Aufgabenblöcke aus dem Fachmodul:

- Texte verstehen und interpretieren
- Repräsentationssysteme flexibel nutzen
- Sprachstrukturen erkennen

Beispiel für zeitlichen Ablauf

Testabschnitt	Untertest	Aufgaben-an-zahl	Zeitvorgabe	Zeit pro Aufgabe
Kerntest	Quantitative Probleme lösen	22	45 Min.	~2 Min.
	Beziehungen erschließen	22	10 Min.	27 Sek.
	Muster ergänzen	22	5 Min. Lese- & 20 Min. Bearbeitungszeit	55 Sek.
	Zahlenreihen fortsetzen	22	5 Min. Lese- & 25 Min. Bearbeitungszeit	68 Sek.
PAUSE			~30 - 60 Min.	
Fachmodul	Texte verstehen und interpretieren	22	45 Min.	~2 Min.
	Repräsentationssysteme flexibel nutzen	22	55 Min	2 Min. 50 Sek.
	Sprachstrukturen erkennen	22	50 Min	2 Min. 27 Sek.
GESAMT			>5 Stunden	

Jeder Untertest beginnt mit einer Erläuterung sowie einer Beispielfrage. Die Fragen eines jeden Untertests dürfen in beliebiger Reihenfolge bearbeitet werden. Es muss genau eine richtige Antwort ausgewählt und auf dem Antwortbogen angekreuzt werden.

Es werden nur Antworten gewertet, die auf dem Antwortblatt markiert sind.

TIPPS ZUR DURCHFÜHRUNG DES SIMULATIONSTESTS

Für den nachfolgenden Simulationstest empfehlen wir Dir nachdrücklich, die Prüfungssituation so realitätsnah wie möglich zu gestalten, denn so kannst Du testen, wie gut Du über mehrere Stunden hinweg unter Stress arbeiten kannst. Wir empfehlen Dir, die Zeit mit einer Stoppuhr zu messen und den Test in einer einzigen Sitzung durchzuführen.

Durch das Nachstellen der Prüfungsbedingungen wirst Du erkennen, wann Du Deine Tiefpunkte hast und wie viel Verpflegung Du am Prüfungstag dabeihaben solltest. Letzteres ist wichtig, da viele Testcenter das Verlassen des Prüfungsgeländes untersagen.

Anleitung zum Ablauf der folgenden Prüfung

1. Bitte schneide Dir die leeren Antwortbögen aus, die Du auf den letzten Seiten im Appendix dieses Testheftes findest.

2. Benutze für den Probedurchgang eine Uhr, auf der die Ziffern gut zu erkennen sind.

3. Du bekommst keine Extrazeit, um Deine Antworten auf den Lösungsbogen zu übertragen. Es werden nur Antworten gewertet, die auf dem Antwortbogen angekreuzt sind. Bitte benutze zur Bearbeitung einen blauen oder einen schwarzen Kugelschreiber.

4. Beachte, dass es für jede Frage immer nur eine richtige Antwort gibt. Solltest Du mehr als eine Antwort ankreuzen, wird die Antwort als falsch gewertet. Du erhältst in diesem Fall also keine Punkte, auch wenn eins der Kreuze bei der richtigen Antwort gesetzt wurde. Achte daher darauf, dass Du immer nur eine Antwort markierst.

5. Bei einer falschen Antwort wird die Frage mit 0 Punkten bewertet. Es werden Dir also keine Punkte abgezogen.

6. Während des Tests gibt es nur eine Pause nach dem Kerntest. Falls Du zusätzlich eine Pause brauchen solltest, läuft die Testzeit trotzdem weiter und Du darfst Deinen Platz nicht verlassen.

7. Es ist nicht erlaubt zusätzliches Papier mitzubringen, Du darfst also nur im Testheft Notizen machen. Auch auf dem Antwortbogen sind keine Notizen erlaubt.

8. Es ist nicht gestattet, Hilfsmittel wie zum Beispiel Taschenrechner, Lineale, Formelsammlungen und Periodensysteme zu benutzen. Zudem ist die Mitnahme des Handys untersagt, selbst wenn dieses ausgeschaltet sein sollte.

9. Wir raten dazu, für den gesamten Test mindestens 5 Stunden einzuplanen (d.h. für das Lesen der Anleitung, das Bearbeiten des gesamten Tests sowie für die Mittagspause).

10. Es wäre ratsam sich Getränke und Snacks mitzunehmen, um den gesamten Test über genügend Energie zu haben. Du solltest zumindest zuckerhaltige Getränke und sättigende Snacks (nicht nur Schokolade, sondern gerne auch ein Sandwich) sowie Wasser dabeihaben.

2

PRÜFUNG

KERNTEST: QUANTITATIVE PROBLEME LÖSEN

In diesem Untertest wird Dir eine Auswahl hypothetischer Alltagsszenarien präsentiert. Deine Aufgabe besteht darin, diese Szenarien mit den Grundlagen der Arithmetik (Addition, Subtraktion, Multiplikation und Division) zu lösen. Mit diesem Untertest kannst Du einschätzen, wie gut Du simple mathematische Probleme lösen kannst. Bedenke, dass sich die Aufgaben zur Arithmetik lediglich auf die Grundlagen beziehen, also mache die Dinge nicht komplizierter, als sie sind.

Der Test „Quantitative Probleme lösen" besteht aus **22 Aufgaben**, die Du in **45 Minuten** lösen musst. Bevor Du gleich auf der nächsten Seite mit dem Test beginnst, schaue Dir das folgende Beispiel bitte genau an.

Die Werkzeugfabrik hat jeden Tag 8 Stunden geöffnet und stellt pro Stunde 4 Schrauben-zieher her. Wie viele Schraubenzieher werden in 4 Tagen und 5 Stunden produziert?

(A) 21

(B) 148

(C) 32

(D) 128

Antwort: B

An einem normalen Arbeitstag werden: 4 × 8 = 32 Schraubenzieher produziert.

An 4 Tagen werden: 4 × 32 = 128 Schraubenzieher produziert.

In den 5 zusätzlichen Stunden werden: 5 × 4 = 20 Schraubenzieher produziert.

Addiere die Stückzahlen und Du erhältst das Gesamtergebnis: 128 + 20 = 148 Schraubenzie-her in 4 Tagen und 5 Stunden.

1.1 Tina fährt in den Urlaub und legt von ihrer Heimatstadt Birmingham bis nach Dublin 280 *km* zurück. In der Karte, die sie für ihre Reise benutzt, beträgt die Entfernung 35 *cm*. In welchem Maßstab ist die Karte gezeichnet worden?

(A) 10 : 800.000

(B) 1 : 800.000

(C) 35 : 280.000

(D) 4 : 400.000

1.2 Die Versicherungsgesellschaft Genico hat insgesamt 120 Angestellte. Das Unternehmen stellt 15 Assistenten und 4-mal so viele Fachberater wie Geschäftsführer ein. Wie viel € Managergehalt plant Genico pro Jahr ein, wenn die Firma ihren Geschäftsführern jährlich jeweils 20.000 € zahlt?

(A) 420.000 €

(B) 480.000 €

(C) 540.000 €

(D) 600.000 €

1.3 Christina möchte von ihrem Pferdestall, welcher sich 23,42 Meter nördlich eines Flusses befindet, einen Weg zu ihrem Gartenhaus legen, welches 59,68 Meter südlich des Flusses liegt. Wie lang ist der Weg?

(A) 44,7 *m*

(B) 83,1 *m*

(C) 92,5 *m*

(D) 59,68 *m*

1.4 Welche der folgenden Aussagen kann man anhand der Tabelle treffen?

Verteilung der Arbeitszeit in einer Fabrik		
Anzahl Arbeiter		*Anzahl Arbeitsstunden*
32		45 – 50
28		40 – 44
20		35 – 39
26		30 – 34
10		0 – 29
116	**GESAMT**	**4.200**

I.   Die durchschnittliche Anzahl an Arbeitsstunden pro Arbeiter ist kleiner als 40.

II. Mindestens fünf Arbeiter haben mehr als 47 Stunden gearbeitet.

III. Mehr als die Hälfte der Arbeiter hat mindestens 40 Stunden gearbeitet.

    (A) nur I

    (B) nur I und II

    (C) nur I und III

    (D) I, II und III

1.5 Maureens Taxi fährt 88 *km/h*. Die Reaktionszeit während der Fahrt beträgt 2 Sekunden (so lange benötigt das Auto bis zum Stillstand). Während der Fahrt taucht plötzlich eine Kuh auf und die Fahrerin bremst. Wie viele Meter wird Maureens Taxi noch weiterfahren, bevor es zum Stehen kommt?

(A) 25 *m*

(B) 84,9 *m*

(C) 50 *m*

(D) 48,9 *m*

1.6 Sven nimmt im Berliner Umland an einem Fahrradrennen teil. Er braucht bei einer konstanten Geschwindigkeit von 48 *km/h* 6 Stunden und 20 Minuten. Wie viele Kilometer legt er in dieser Zeit zurück?

(A) 304 *km*

(B) 320 *km*

(C) 200 *km*

(D) 166,5 *km*

1.7 Ein Junge fährt mit seinem Vater Fahrrad. Der Sohn fährt mit 30 *km/h* und sein Vater fährt mit 15 *km/h*. Nach 1,5 *km* stoppt der Sohn, um auf seinen Vater zu warten. Wie viele Minuten muss er warten?

(A) 9 *min*

(B) 6 *min*

(C) 3 *min*

(D) 1,5 *min*

1.8 Ein Gastank hat eine Länge von 30 *m*, eine Breite von 10 *m* und eine Höhe von 20 *m*. Der Gastank soll nun mit einer Füllgeschwindigkeit von 10 m^3 pro Minute mit Sauerstoff vollgetankt werden. Wie viele Stunden benötigt man, bis der Tank voll ist?

(A) 100 *h*

(B) 17 *h*

(C) 5 *h*

(D) 10 *h*

1.9 Der Chef einer kleinen Baufirma weiß, dass seine fünf Handwerker 8 *h* benötigen, um auf einer Bodenfläche von 10 m^2 Fließen zu legen. Die Firma bekommt den Auftrag, in einem Haus eine Fläche von 50 m^2 zu fließen. Damit es möglichst schnell geht, möchte der Chef alle fünf Mitarbeiter zu dem Auftrag schicken. Leider wird einer kurzfristig krank. Wie lange brauchen die übrigen vier Handwerker, um den Auftrag zu erledigen?

(A) 50 *h*

(B) 10 *h*

(C) 30 *h*

(D) 40 *h*

1.10 Wie lauten im untenstehenden Diagramm die Koordinaten des Punktes, der auf der Strecke *AB* liegt und doppelt so weit von *A* entfernt ist wie von *B*?

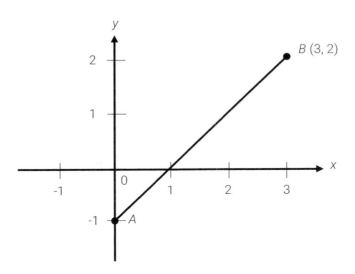

(A) $(3; 1)$

(B) $(2; 1)$

(C) $(2; -1)$

(D) $(1,5; 0,5)$

1.11 Der Umsatz, den das Bekleidungsgeschäft Nussbaum im Januar allein mit Mänteln gemacht hat, betrug 2/5 des Dezember-Umsatzes und die Einnahmen im Februar betrugen 1/4 der Einnahmen im Januar. Wie groß waren die Einnahmen im Dezember verglichen mit den durchschnittlichen Einnahmen von Januar und Februar?

(A) 1/4

(B) 1/2

(C) 2

(D) 4

1.12 Ben fährt mit seinem Fahrrad durch München. Um 9:55 Uhr sieht er seinen Freund Georg, der auch mit dem Fahrrad unterwegs ist. Sie halten an und unterhalten sich 5 Minuten lang über die bevorstehende Biologieprüfung. Dann fährt Ben mit einer Geschwindigkeit von 14 *km/h* weiter und Georg fährt mit 9 *km/h* in die entgegengesetzte Richtung. Nach 120 Minuten Fahrt erreichen beide ihr jeweiliges Ziel. Angenommen sie haben sich auf einer geraden Linie bewegt, wie viele Kilometer sind die beiden am Ende ihrer Fahrt voneinander entfernt?

(A) 28 *km*

(B) 46 *km*

(C) 18 *km*

(D) 90 *km*

1.13 Sechs Personen nehmen an einem Wissenschaftsquiz teil. Drei der Teilnehmer werden als Gewinner aus dem Quiz hervorgehen. Wie viele verschiedene Anordnungen sind im Hinblick auf das Siegertreppchen möglich?

(A) 30

(B) 90

(C) 120

(D) 45

1.14 Wie hoch ist die jährliche Zinszahlung für Schulden in Höhe von 40.000 €, wenn der Zinssatz 5,25 % beträgt?

(A) 2.100 €

(B) 5.000 €

(C) 1.200 €

(D) 20.000 €

1.15 Petra will in Berlin eine Freundin besuchen und packt ihren Koffer. In ihrem Schrank befinden sich 10 blaue, 10 grüne und 6 rote Socken. Sie will von jeder Farbe ein Paar Socken mitnehmen, aber das Licht ist ausgefallen und ihr Schrank ist komplett dunkel. Wie viele Socken muss Petra aus dem Schrank holen, damit sie von jeder Farbe mindestens ein Paar Socken hat?

(A) 6

(B) 10

(C) 20

(D) 22

1.16 Die Fläche des rechtwinkligen Dreiecks beträgt 24 m^2. Wenn $x = y + 2$, wie lang ist dann z in Metern?

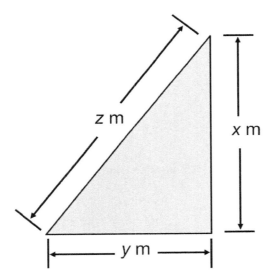

(A) 4 m

(B) 10 m

(C) 2 m

(D) 8 m

1.17 Frau Schmitt hat ein Rezept für Eistee. Pro 100 *ml* Tee müssen 1,2 *g* Zucker hinzugegeben werden. Sie möchte 175 *ml* Eistee herstellen, wie viel Gramm Zucker benötigt sie dafür?

(A) 1,6 *g*

(B) 1,9 *g*

(C) 2,1 *g*

(D) 2,3 *g*

1.18 Rudolf nimmt einen Kredit über 4.000 € auf, um sich einen Motorroller zu kaufen. Die Bank verlangt auf das Darlehen 10 % Zinsen pro Jahr. Wie viele Zinsen muss Rudolf nach einem Jahr zurückzahlen?

(A) 400 €

(B) 100 €

(C) 4.400 €

(D) 4.000 €

1.19 Marina ist 11 Jahre älter als ihre jüngere Schwester Claudia. Zusammen sind sie 45 Jahre alt. Wie alt ist Marina?

(A) 23 Jahre

(B) 25 Jahre

(C) 28 Jahre

(D) 31 Jahre

1.20 Innerhalb eines Monats haben 60 % der Männer und 75 % der Frauen exakt die-selbe Ingenieursprüfung bestanden. Wie viel Prozent aller Prüfungsteilnehmer ha-ben den Test bestanden, wenn der Anteil der Männer 40 % beträgt?

(A) 64 %

(B) 69 %

(C) 67 %

(D) 71 %

1.21 Die untenstehende Figur zeigt ein kreisförmiges Blumenbeet, das im Punkt O sei-nen Mittelpunkt hat und von einem kreisförmigen Weg umrundet wird, der 3 *m* breit ist. Wie groß ist die Fläche dieses Weges in m^2?

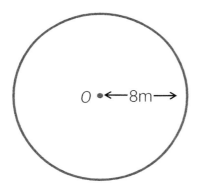

(A) 25 π

(B) 38 π

(C) 55 π

(D) 57 π

1.22 Loretta arbeitet am Fließband eines Automobilbetriebs. Ihr werden x Dollar für die ersten 8 Arbeitsstunden gezahlt und y Dollar für jede Überstunde. Unter der Woche arbeitet sie montags 11 Stunden, dienstags 9 Stunden, mittwochs 10 Stunden, donnerstags 9 Stunden und freitags 8 Stunden. Wie hoch ist Lorettas durchschnittliches Einkommen bei einer 5-Tage-Woche?

(A) $x + 1{,}4y$

(B) $2x + y$

(C) $(5x + 8y) / 5$

(D) $8x + 1{,}4y$

Nicht umblättern! Warten Sie auf das
Zeichen des Testleiters!

STOPP

KERNTEST: BEZIEHUNGEN ERSCHLIEßEN

Jede Aufgabe dieses Untertests besteht aus zwei Wortpaaren. Eines der Paare fehlt. Deine Aufgabe besteht darin, das richtige Wortpaar zu ermitteln, das in die Lücke passt. Bei dem fehlenden Paar müssen die beiden Wörter zu dem vorgegebenen Wortpaar analog sein (also vergleichbar oder miteinander identifizierbar). Du musst also herausfinden, in welcher Beziehung die vorgegebenen Wörter zueinanderstehen, sprich die „Regel" ermitteln, um das fehlende Wortpaar zu identifizieren.

Bei diesem Test geht es darum, Deine Fähigkeit für logische linguistische Gedankengänge zu überprüfen. Um die jeweils zugrundeliegende Regel zu identifizieren, musst Du über die Bedeutung der Wörter nachdenken und sie dann verallgemeinern (also eine abstrakte Denkweise verwenden). Zur Lösung der Aufgabenstellung musst Du dann noch in der Lage sein, diese Regel in konkreten Begriffen wiederzugeben.

Ein Beispiel für zwei Wortpaare mit analoger Beziehung wäre etwa: groß : klein = dick : dünn. Beide Wortpaare bestehen aus gegenteiligen Begriffen, ihre Beziehung zueinander ist also gleich. Beim Lösen der Aufgabe musst Du außerdem darauf achten, auf welcher Seite des Doppelpunkts sich das entsprechende Wort befindet.

Der Test „Beziehungen erschließen" besteht aus **22 Fragen**, die Du in **10 Minuten** lösen musst. Bevor Du gleich auf der nächsten Seite mit dem Test beginnst, schaue Dir bitte die Beispielaufgabe an.

Uhr : Zeit = _____ : _____

(A) Stunde : Breite

(B) Thermometer : Temperatur

(C) Wetter : Klima

(D) Gezeiten : Mond

Antwort: B

Analogie: So wie die Uhr die Zeit misst, misst das Thermometer die Temperatur.

Bedenke Folgendes:

Bei diesen Aufgaben ist es wichtig, auf die Groß- und Kleinschreibung zu achten. Wird ein Wort großgeschrieben (z. B. „Rennen") so ist das Nomen gemeint. Wird es allerdings kleinge-schrieben (rennen), handelt es sich um ein Verb.

2.1   Herd : Küche = _____ : _____

(A) Fenster : Schlafzimmer

(B) Waschbecken : Badezimmer

(C) Topf : Pfanne

(D) Koffer : Dachboden

2.2   _____ : Plattenfirma = Schriftsteller : _____

(A) Notenblatt – Kapitel

(B) Bücher – Lieder

(C) Musiker – Verlag

(D) Bühne – Zeitung

2.3   Haus : _____ = Baum : _____

(A) Dorf – Ast

(B) Tür – Gras

(C) Blatt – Dach

(D) Stadt – Wald

2.4   _____ : Kuh = _____ : Huhn

(A) Milch – Eier

(B) Wiese – Heu

(C) Feld – Gras

(D) Stute – Hahn

2.5 _____ : _____ = ruhig : leise

(A) dramatisch : glaubhaft

(B) mutig : tapfer

(C) geheimnisvoll : verborgen

(D) schwach : erbärmlich

2.6 _____ : alles = viel : _____

(A) mehr – Menge

(B) nichts – wenig

(C) meistens – oft

(D) viel – alles

2.7 Forelle : _____ = _____ : Auto

(A) Lachs – Auto

(B) See – Straßen

(C) Tier – Lastwagen

(D) Fisch – Ferrari

2.8 _____ : _____ = Schach : Brettspiel

(A) Smaragd : Edelstein

(B) Karotte : Salat

(C) Baum : Ahorn

(D) Rosenbusch : Rose

2.9   Obst : _____ = Tier : _____

(A) Gurke – Baum

(B) Pfirsich – Hamster

(C) Auto – Motorrad

(D) Schule – Schüler

2.10   _____ : _____ = See : Gewässer

(A) Frucht : Banane

(B) feucht : Wasserstraße

(C) tropisch : Klima

(D) heiß : Sonne

2.11   Meer : _____ = _____ : Vögel

(A) Gewitter – Wind

(B) Fische – Himmel

(C) Wellen – Wolke

(D) Wasser – Mond

2.12   Korken : Flasche = _____ : _____

(A) Tür : Hauseingang

(B) Wein : Bier

(C) Haus : Keller

(D) Glas : Kork

2.13 _____ : Nacht = _____ : Blatt

    (A) Mond – schön

    (B) schwarz – Hoffnung

    (C) dunkel – grün

    (D) still – rauschen

2.14 _____ : _____ = Vogel : Himmel

    (A) Mensch : Erde

    (B) singen : Stimme

    (C) Feder : Flügel

    (D) Papagei : Engel

2.15 Zug : _____ = _____ : Kühlung

    (A) Keks – lecker

    (B) Weltraum – Stille

    (C) Transport – Eis

    (D) Schlag – Stärke

2.16 _____ : Urteil = Forscher : _____

    (A) Anwalt – Erkenntnis

    (B) Richter – Entdeckung

    (C) Diagnose – Analyse

    (D) Prüfer – Aufgabe

2.17 _____ : fasste = _____ : ließ

    (A) erfassen – lesen

    (B) fassen – lassen

    (C) lassen – laufen

    (D) fassen – lieben

2.18 stand : _____ = _____ : sein

    (A) gestanden – bin

    (B) stehst – sei

    (C) stehen – war

    (D) steht – wäre

2.19 rufen : _____ = fragen : _____

    (A) brüllen – sprechen

    (B) reden – herausfordern

    (C) besprechen – flüstern

    (D) gehört – geantwortet

2.20 _____ : sprechen = Kälte : _____

    (A) Schweigen – aufwärmen

    (B) Raum – zittern

    (C) Mund – Winter

    (D) Stille – kühlen

2.21 warm : heiß = _____ : _____

(A) interessiert : klug

(B) dumm : schlau

(C) weise : intelligent

(D) klug : genial

2.22 _____ : unangenehm = aufopfernd : _____

(A) unangenehm – freundlich

(B) köstlich – niederträchtig

(C) unerträglich – fürsorglich

(D) freundlich – gemein

Nicht umblättern! Warten Sie auf das Zeichen des Testleiters!

STOPP

KERNTEST: MUSTER ERGÄNZEN

Bitte lies Dir die folgenden Anweisungen sorgfältig durch. Dafür stehen Dir 5 Minuten zur Verfügung. **Erst nach Ablauf dieser 5 Minuten wird der Testleiter den Test freigeben.**

In diesem Untertest bekommst Du es mit Linien, Kreisen, Vierecken und anderen geometrischen Körpern zu tun, die in einem bestimmten Muster und einer quadratischen Matrix angeordnet sind. Du musst das Muster erkennen und vervollständigen, indem Du für das letzte freie Feld die richtige Darstellung (Optionen A bis F) auswählst.

Die Muster (oder „Regeln") gelten nur von links nach rechts oder von oben nach unten – nie diagonal. Allerdings musst Du zur Lösung der Matrix manchmal bis zu drei verschiedene Regeln identifizieren. Und es kann auch vorkommen, dass ein Muster von oben nach unten und gleichzeitig von links nach rechts gilt.

Der Test „Muster ergänzen" besteht aus **22 Fragen** für die Du **20 Minuten** Zeit hast.

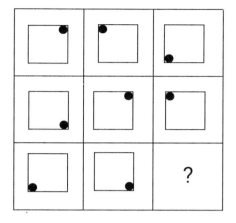

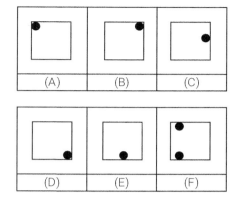

Antwort: B

Wie sollte die Darstellung gelesen werden? Von links nach rechts →

Form: Der Punkt verändert die Position.

Richtung / Orientierung: Der Punkt bewegt sich innerhalb der vier Ecken entgegen dem Uhrzeigersinn.

Nicht umblättern! Warten Sie auf das Zeichen des Testleiters!

STOPP

3.1

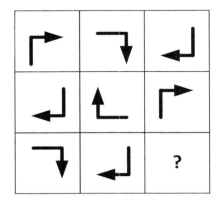

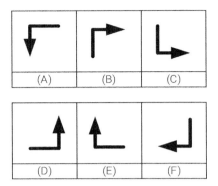

3.2

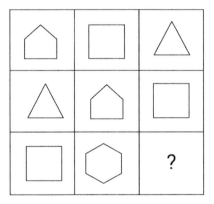

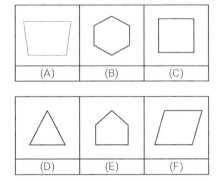

3.3

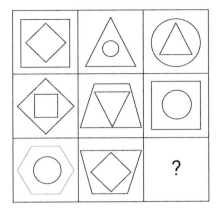

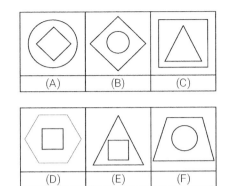

3.4

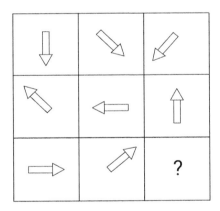

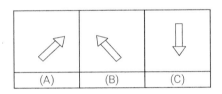

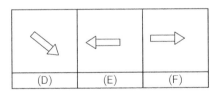

3.5

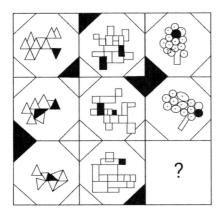

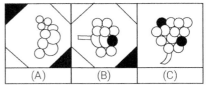

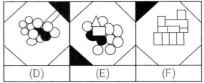

3.6

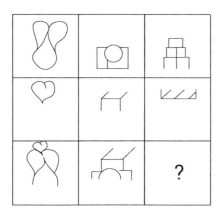

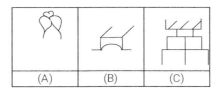

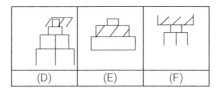

3.7

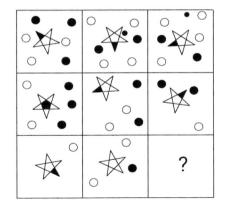

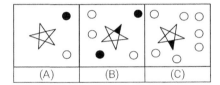

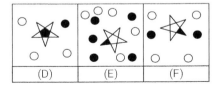

3.8

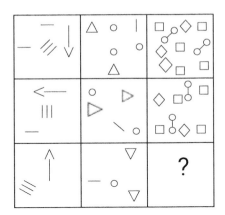

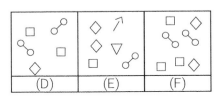

3.9

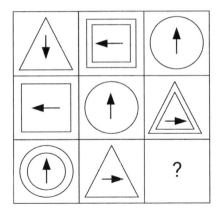

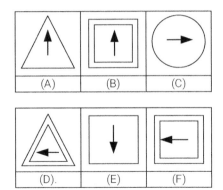

3.10

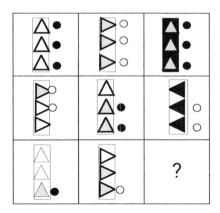

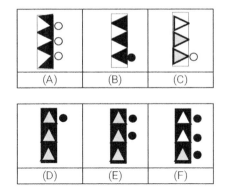

3.11

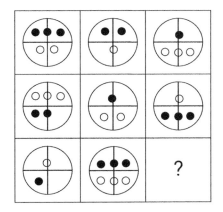

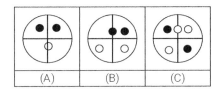

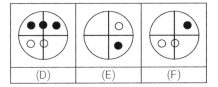

3.12

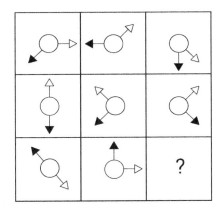

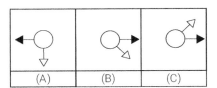

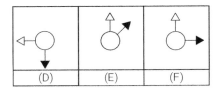

3.13

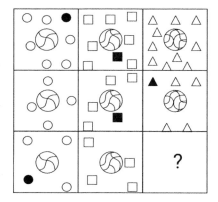
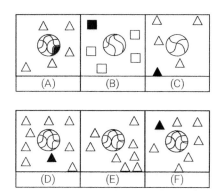

3.14

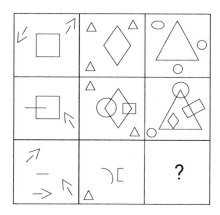
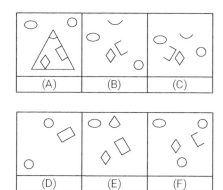

3.15

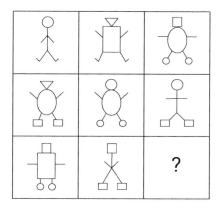

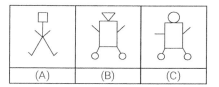

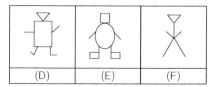

3.16

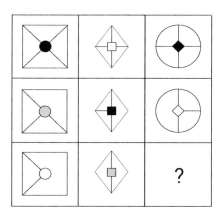

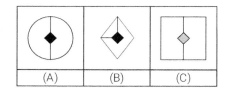

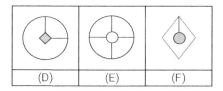

3.17

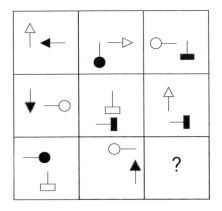

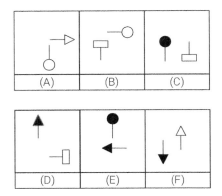

3.18

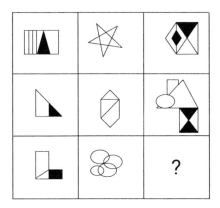

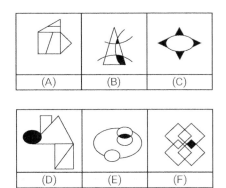

3.19

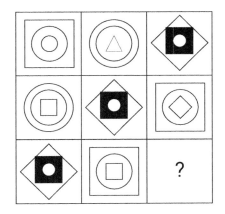

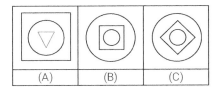

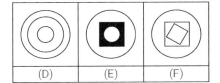

3.20

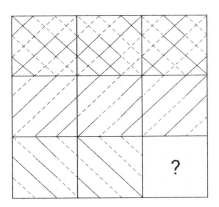

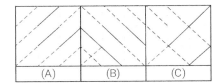

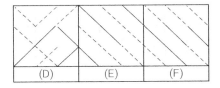

3.21

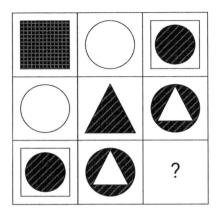

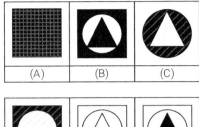

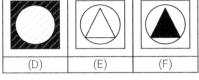

3.22

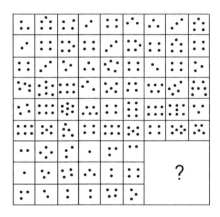

Nicht umblättern! Warten Sie auf das Zeichen des Testleiters!

STOPP

KERNTEST: ZAHLENREIHEN FORTSETZEN

Bitte lies Dir die folgenden Anweisungen sorgfältig durch. Dafür stehen Dir 5 Minuten zur Verfügung. **Erst nach Ablauf dieser 5 Minuten wird der Testleiter den Test freigeben.**

In diesem Untertest wirst Du mit Zahlenfolgen konfrontiert, die einer bestimmten Regel oder einem bestimmten Muster folgen. Deine Aufgabe besteht darin, die Regel zu identifizieren, sie anzuwenden und die Zahlenreihe logisch zu ergänzen. Bei diesem Untertest wird Dein logisches Denkvermögen in Sachen Zahlen auf die Probe gestellt. Zur Lösung der Aufgaben ist kein spezielles mathematisches Wissen erforderlich – Du musst einfach nur addieren, subtrahieren, multiplizieren und dividieren können.

Der Test „Zahlenreihen fortsetzen" besteht aus **22 Fragen**, die Du in **25 Minuten** lösen musst.

BEISPIEL

31	32	34	35	37	38	?

Antwort: 40

Erklärung: Die ersten beiden Zahlen lauten 31 und 32, somit beträgt die Differenz +1. Die Differenz zwischen der zweiten und der dritten Angabe beträgt +2. Vergleicht man die vierte und fünfte Zahl, beträgt der Unterschied wieder +1. Verfolgt man die Zahlenreihe weiter, wird ersichtlich, dass sie dem untenstehenden Muster folgt.

Die Regel für diese numerische Abfolge lautet:

+1	+2	+1	+2	+1	+2

Markiere auf dem Antwortbogen jene Ziffern, die in der Lösungszahl vorkommen. Falls die Zahl negativ ist, markierst Du auf dem Antwortbogen bitte sowohl „–" als auch die Ziffern. Die Reihenfolge der Ziffern ist NICHT ausschlaggebend.

Auf dem Antwortbogen kreuzt Du für 40 folgende Kästchen an:

	–	0	1	2	3	4	5	6	7	8	9
	☐	☒	☐	☐	☐	☒	☐	☐	☐	☐	☐

−200   −50   −46   −184   −188   −47   ?

Antwort: −43

Erklärung: Eine Beziehung zwischen den ersten beiden Zahlen können wir herstellen, indem wir -200 durch 4 dividieren und so -50 erhalten. Die dritte Zahl in der Abfolge lautet -46, zu -50 werden also 4 addiert. Multipliziert man nun die dritte Zahl wieder mit 4, erhält man -184, die vierte Angabe in der Zahlenreihe. Subtrahiert man nun wieder 4, erhält man die -180. Das hier vorliegende Muster besteht also darin, dass man mit der Zahl 4, wie unten aufgeführt, verschiedene arithmetische Operationen durchführt.

Die Regel für die numerische Abfolge lautet:

/ 4   + 4   × 4   − 4   / 4   + 4

Auf dem Antwortbogen kreuzt Du für -43 folgende Kästchen an:

	−	0	1	2	3	4	5	6	7	8	9
	☒	☐	☐	☐	☒	☒	☐	☐	☐	☐	☐

Nicht umblättern! Warten Sie auf das Zeichen des Testleiters!

STOPP

| **4.1** | 126 | 252 | 255 | 510 | 513 | 1026 | ? |

| **4.2** | −9 | −6 | −7 | −4 | −5 | −2 | ? |

| **4.3** | −23 | −21 | −42 | −40 | −80 | −78 | ? |

| **4.4** | 10 | 11 | 22 | 25 | 100 | 105 | ? |

| **4.5** | 34 | 39 | 41 | 46 | 55 | 60 | ? |

| **4.6** | 56 | 63 | 72 | 83 | 96 | 111 | ? |

| **4.7** | −112 | −96 | −121 | −105 | −129 | −113 | ? |

| **4.8** | 234 | 236 | 221 | 225 | 213 | 219 | ? |

4.9	20	11	44	36	144	137	?
4.10	50	45	30	25	10	5	?
4.11	78	76	38	36	18	16	?
4.12	−81	−82	−79	−80	−76	−77	?
4.13	−280	−140	−135	−45	−40	−10	?
4.14	660	670	680	650	660	670	?
4.15	25	32	30	30	36	33	?
4.16	6	6	12	36	144	720	?

| **4.17** | 12 | 8 | 56 | 8 | 4 | 28 | ? |

| **4.18** | 11 | 8 | 24 | 27 | 9 | 6 | ? |

| **4.19** | −27 | −30 | −15 | −45 | −48 | −24 | ? |

| **4.20** | 108 | 112 | 28 | 32 | 8 | 12 | ? |

| **4.21** | −15 | −12 | −9 | −6 | −3 | 0 | ? |

| **4.22** | 80 | 40 | 36 | 108 | 54 | 50 | ? |

Nicht umblättern! Warten Sie auf das
Zeichen des Testleiters!

STOPP

FACHMODUL: TEXTE VERSTEHEN UND INTERPRETIEREN

In der Aufgabengruppe „Texte verstehen und interpretieren" musst Du den Inhalt von Texten verstehen, korrekt interpretieren und dann zwei Aufgaben mit jeweils zwei Fragen über das Gelesene beantworten.

Du erhältst eine Reihe kurzer Texte von jeweils ca. 100-200 Wörtern, die Du lesen musst. Bei unseren Übungen sind die Texte oft ein wenig länger. An diese schließen sich jeweils zwei Aufgaben an, die prüfen, ob Du den Inhalt des Textes verstanden hast und die richtigen Schlussfolgerungen aus ihm ziehen kannst.

Der Test „Textanalyse" besteht aus **22 Aufgaben**, die Du in **45 Minuten** lösen musst. Bevor Du gleich auf der nächsten Seite mit dem Test beginnst, schaue Dir das folgende Beispiel bitte genau an.

BEISPIEL

Dr. Manfred Bischoff ist Vorsitzender des Aufsichtsrats des deutschen Automobilunternehmens Daimler AG. Es folgt eine kurze Zusammenfassung seines Vortrags zum Thema „Globalisierung: Was sind die Herausforderungen für die Aufrechterhaltung der deutschen Wettbewerbsfähigkeit?"

Dr. Bischoff ging zunächst auf die Frage ein, wo Deutschland derzeit wirtschaftlich steht und inwieweit wir in einer globalisierten Welt leben. Die Antwort auf die erste dieser Fragen ist laut Dr. Bischoff, dass sich Deutschland bisher wirtschaftlich verbessert hat. Bei der Beantwortung der zweiten Frage gab er vier Gründe an, um seine Behauptung zu unterstützen, dass die Globalisierung, oder die zunehmende gegenseitige Abhängigkeit einzelner Länder, jetzt eine allmächtige Kraft ist. Erstens sind der Freihandel und der freie Markt jetzt weltweit vertreten. Der zweite Grund ist der globale Fluss des freien Kapitals. Der dritte Grund liegt darin, dass die globalen Logistikkosten ein erfreuliches Tief erreicht haben, was ein Beweis für die Effizienz der Wirtschaft ist. Der vierte Grund ist schließlich, dass sich vor dem Hintergrund der Globalisierung des Arbeitsmarktes inzwischen eine globale Belegschaft gebildet hat.

Dennoch gab Dr. Bischoff zu bedenken, dass es Kritik an der verschuldeten deutschen Regierung und dem Rest der Welt gebe. Ihm zufolge werden große Unternehmen in Zukunft auf hochqualifizierte Arbeitskräfte, Investitionen in Bildung und Forschung, bessere Verbindungen zwischen Universitäten und Industrie, einen universellen Wertewandel, ein ethisches Bewusstsein und die Zusammenarbeit der funktionalen Eliten angewiesen sein.

Welche der folgenden Aussagen ist oder sind dem Text zufolge richtig?

I.   Der Rückgang der Logistikkosten war ein Faktor, der die Allgegenwart der Globalisierung stützte.

II. Die Globalisierung des Bildungsmarktes hat zur Bildung globaler Arbeitskräfte geführt.

   (A) Nur Aussage I ist richtig.

   (B) Nur Aussage II ist richtig.

   (C) Beide Aussagen sind richtig.

   (D) Keine der beiden Aussagen ist richtig.

Antwort: A

Aussage I ist richtig, denn im Text steht als einer der Gründe, warum „die Globalisierung (…) jetzt eine allmächtige Kraft ist", „dass die globalen Logistikkosten ein erfreuliches Tief erreicht haben".

Aussage II ist nicht richtig, da es die Globalisierung des Arbeitsmarktes – nicht des Bildungsmarktes – war, die zur Bildung einer globalen Belegschaft führte.

TEXT FÜR 5.1. UND 5.2.

Der Ursprung der Olympischen Spiele liegt in Olympia, Griechenland, wobei die meisten Quellen übereinstimmend angeben, dass die ersten offiziellen Spiele im Jahr 776 v. Chr. stattfanden. Diese Zahl basiert auf Inschriften in Olympia, welche die Sieger eines Wettlaufs nennen, der im Jahr 776 v. Chr. und danach alle vier Jahre abgehalten wurde. Viele Wissenschaftler glauben allerdings, dass die Spiele in irgendeiner Form bereits viele Jahre zuvor stattfanden. Die Überlieferung besagt, dass der erste Sieger der Spiele ein Koch namens Coroebus war und er den Titel gewann, indem er den einzigen Wettbewerb für sich entschied: einen 192-Meter-Lauf. Die Spiele wurden am Zeustempel in Olympia abgehalten und wuchsen in den nächsten 1200 Jahren stark. Später kamen Laufwettbewerbe, ein Fünfkampf, Boxen, Ringen, Pankration und Reitsportwettbewerbe hinzu. Neben dem sportlichen Ereignis gehörten zu den antiken Olympischen Spielen auch zahlreiche Zeremonien und rituelle Opfer, die dazu dienten den Gott Zeus zu ehren. Im Jahr 393 n. Chr. verbot ein römischer Kaiser namens Theodosius I, ein Christ, die Spiele aufgrund ihrer Verbindung zum heidnischen Glauben. Die olympische Tradition lebte in den 1800er Jahren wieder auf und die ersten modernen Spiele wurden im Jahr 1896 abgehalten.

5.1. Welche der folgenden Aussagen ist oder sind dem Text zufolge richtig?

I. Die meisten Experten glauben, dass die Idee für die Olympischen Spiele im Jahr 776 v. Chr. entstand.

II. Es dauerte mehr als tausend Jahre, bevor die Spiele wieder zum Leben erweckt wurden.

(A) Nur Aussage I ist richtig.

(B) Nur Aussage II ist richtig.

(C) Beide Aussagen sind richtig.

(D) Keine der beiden Aussagen ist richtig.

5.2. Welche der folgenden Aussagen ist oder sind dem Text zufolge richtig?

I. Die antiken Olympischen Spiele waren sowohl ein sportliches als auch ein religiöses Ereignis.

II. Wie bei den modernen Olympischen Spielen nahmen an den antiken Olympischen Spielen Athleten aus aller Welt teil.

(A) Nur Aussage I ist richtig.

(B) Nur Aussage II ist richtig.

(C) Beide Aussagen sind richtig.

(D) Keine der beiden Aussagen ist richtig.

TEXT FÜR 5.3. UND 5.4.

Der Grundgedanke des liberalen Denkens lässt sich im folgenden Zitat deutlich erkennen: „Liberalismus lässt die Menschen in Ruhe, aber nicht im Stich". Die vier Freiburger Thesen wurden am 27. Oktober 1971 auf dem Bundesparteitag (einem Treffen der Mitglieder einer politischen Partei) der FDP (Freien Demokratischen Partei) verabschiedet, nachdem die FDP bei der Bundestagswahl (Wahl der Abgeordneten des Deutschen Bundestages) im Jahr 1969 nur 5,8% erreicht hatte.

Die erste These besagt, dass einer Person Vorrang gegenüber Institutionen gebührt und dass Erhalt und Entfaltung des Individuums sowie das Konzept der Pluralität in menschlichen Gesellschaften gefördert werden sollen. Die zweite These gibt zu verstehen, dass Liberalismus für Fortschritt und Vernunft steht. Gemäß der dritten These sind wir alle ein Teil der Gesellschaft, aber „die Gesellschaft darf nicht alles sein". Die vierte These unterstützt eine Reform des kapitalistischen Systems, um Tendenzen zur Akkumulation von Reichtum in wenigen Händen aufzuheben. Im Kern soll eine liberale Gesellschaft den Menschen dienen, die Produktion erhöhen und den Schutz von Bedürftigen und der Umwelt sicherstellen.

5.3. Welche der folgenden Aussagen ist oder sind dem Text zufolge richtig?

I. Der Umweltschutz nimmt in einer liberalen Gesellschaft eine untergeordnete Stellung ein.

II. Eine der Funktionen einer liberalen Gesellschaft ist es, Bedürftige zu unterstützen.

(A) Nur Aussage I lässt sich ableiten.

(B) Nur Aussage II lässt sich ableiten.

(C) Beide Aussagen lassen sich ableiten.

(D) Keine der beiden Aussagen lässt sich ableiten.

5.4. Welche der folgenden Aussagen ist oder sind dem Text zufolge richtig?

I. Gemäß der dritten These wäre die deutsche Bundeskanzlerin Angela Merkel Teil der Gesellschaft.

II. Die FDP hat bei der Bundestagswahl 1969 das schlechteste Ergebnis der Parteigeschichte erzielt.

(A) Nur Aussage I ist richtig.

(B) Nur Aussage II ist richtig.

(C) Beide Aussagen sind richtig.

(D) Keine der beiden Aussagen ist richtig.

TEXT FÜR 5.5. UND 5.6.

Der Einfluss der menschlichen Aktivität auf den Planeten sorgt dafür, dass eine ständig steigende Zahl von Tierarten vom Aussterben bedroht ist. Obwohl das Aussterben von Tierarten ein natürlicher Vorgang ist, der während der gesamten Erdgeschichte zu beobachten war, zeigen Studien, dass vom Menschen geschaffene Faktoren, wie der Klimawandel, die Jagd und Wilderei, Fischereipraktiken, Umweltverschmutzung und Zerstörung von Lebensraum, den Vorgang beschleunigen und eine noch nie zuvor erreichte Anzahl von bedrohten Tierarten zur Folge haben. Einige der am stärksten gefährdeten Tierarten sind Tiger, Eisbären, Pinguine und verschiedene Fischarten. Auch viele Insekten sind bedroht – eine vor kurzem durchgeführte Untersuchung der wilden Bienenarten in Europa ergab, dass 9,2% von ihnen vom Aussterben bedroht sind. Von allen Arten, auf die Menschen den Planeten verändern, ist die Temperaturerhöhung, die sich aus der globalen Erwärmung ergibt, die gefährlichste. Falls sich der Planet um durchschnittlich 3 Grad Celsius erwärmt, werden laut Wissenschaftlern 8,5% der Tierarten der Welt vom Aussterben bedroht sein.

5.5. Welche der folgenden Aussagen ist oder sind dem Text zufolge richtig?

I.   Knapp über 9% aller wilden Bienenarten sind weltweit vom Aussterben bedroht.

II. Schlechte Fischereipraktiken sind verantwortlich dafür, dass viele Fischarten vom Aussterben bedroht sind.

(A) Nur Aussage I ist richtig.

(B) Nur Aussage II ist richtig.

(C) Beide Aussagen sind richtig.

(D) Keine der beiden Aussagen ist richtig.

5.6. Welche der folgenden Aussagen ist oder sind dem Text zufolge richtig?

I.   Der Temperaturanstieg, der sich aus der globalen Erwärmung ergibt, wird generell als größere Bedrohung für die Tierwelt eingestuft als Jagd und Wilderei.

II. Falls die Temperatur der Erde um durchschnittlich 3 Grad Celsius steigt, reduziert sich die Anzahl der Tierarten um 8,5%.

(A) Nur Aussage I ist richtig.

(B) Nur Aussage II ist richtig.

(C) Beide Aussagen sind richtig.

(D) Keine der beiden Aussagen ist richtig.

TEXT FÜR 5.7. UND 5.8.

Es war einmal ein Löwe, der tief und friedlich im Dschungel schlief. Während er schlief, kam eine kleine Maus vorbei. Ohne zu bemerken, was sie tat, rannte die Maus über den Löwen, kitzelte ihn und weckte ihn auf. Der Löwe fing die Maus sofort mit seiner großen Pfote und öffnete sein Maul, um die Maus zu verschlingen. „Entschuldigung, Herr Löwe!", piepste die Maus. „Bitte vergeben Sie mir. Ich werde so etwas nie wieder tun und ich werde Ihre Güte nie vergessen. Vielleicht kann ich sie Ihnen eines Tages vergelten." Der Löwe lächelte. Er wusste nicht, wie eine so kleine Kreatur einem Löwen nutzen sollte, war von der Forderung der Maus aber so amüsiert, dass er sie laufen ließ. Einige Stunden später kamen einige Jäger vorbei, fingen den Löwen und banden ihn an einen Baum, während sie nach einem Wagen suchten, um ihn nach Hause zu transportieren. Die Maus kam wieder vorbei, sah die missliche Lage des Löwen und biss die Seile durch. Bald war der Löwe frei und die Maus strahlte vor Stolz. „Habe ich nicht gesagt, dass ich es eines Tages vergelten werde?", fragte sie den Löwen. „Ja", stimmte der Löwe mit einem breiten Lächeln zu, „Du hattest Recht!"

5.7. Welche der folgenden Aussagen ist oder sind dem Text zufolge richtig?

I. Die Maus wollte den Löwen nicht stören.

II. Der Löwe ließ die Maus laufen, da er erwartete, dafür vergolten zu werden.

(A) Nur Aussage I ist richtig.

(B) Nur Aussage II ist richtig.

(C) Beide Aussagen sind richtig.

(D) Keine der beiden Aussagen ist richtig.

5.8. Welche der folgenden Aussagen ist oder sind dem Text zufolge richtig?

I. Der Löwe wäre definitiv gestorben, hätte ihn die Maus nicht gerettet.

II. Der Löwe wird nie wieder daran denken, die Maus zu fressen.

(A) Nur Aussage I ist richtig.

(B) Nur Aussage II ist richtig.

(C) Beide Aussagen sind richtig.

(D) Keine der beiden Aussagen ist richtig.

TEXT FÜR 5.9. UND 5.10.

Der Artikel „Studentische Schreibberatung ist professionell und persönlich" handelt von einem Forschungsprojekt des Schreibzentrums der Europa-Universität Viadrina in Frankfurt (Oder), Deutschland. In Rahmen der studentischen Schreibberatung wird ratsuchenden Studierenden die Hilfe anderer Studenten angeboten. Das Ziel des Programms ist es, die Schreibkompetenz zu erhöhen. Verschiedene Konzepte wurden angewandt, um das zu erreichen. Hierzu zählen zum Beispiel „Hilfe durch Selbsthilfe", der Austausch von Erfahrungen, Emotionen und Wissen sowie aktives Arbeiten an individuellen Schreibprojekten. Die Studie wurde basierend auf qualitativen Inhaltsanalysen und problemorientierten Interviews erstellt. Das Ziel der qualitativen Inhaltsanalyse ist die systematische Bearbeitung von Kommunikationsmaterialien, die eine bestimmte Form aufweisen müssen. Sie spiegelt nicht den Inhalt wider, sondern will stattdessen formelle Aspekte und latente Bedeutungen darstellen. Auf Basis der qualitativen Inhaltsanalyse wurde ein Kategoriensystem erstellt und verwendet, um zu messen, wie die studentische Schreibberatung von Ratsuchenden aufgenommen wird. Die Ratsuchenden wurden gefragt, wie sie die Beratungssitzungen begannen und beendeten, wie sie die Sitzung wahrnahmen, was ihnen aufgefallen war, wie sie sich während und nach der Sitzung fühlten und ob die Beratung in Bezug auf ihre Person oder ihr Schreiben etwas Neues bewirken konnte.

5.9. Welche der folgenden Aussagen ist oder sind dem Text zufolge richtig?

I. Die Studie wurde vorwiegend basierend auf problemorientierten Interviews erstellt.

II. Die qualitative Inhaltsanalyse ging aus dem Kategoriensystem hervor.

(A) Nur Aussage I ist richtig.

(B) Nur Aussage II ist richtig.

(C) Beide Aussagen sind richtig.

(D) Keine der beiden Aussagen ist richtig.

5.10. Welche der folgenden Aussagen ist oder sind dem Text zufolge richtig?

I. Der Zweck der qualitativen Inhaltsanalyse besteht in der grafischen Verarbeitung von Kommunikationsmaterialien.

II. Die qualitative Inhaltsanalyse geht über das einfache Sammeln von inhaltlichen Informationen hinaus.

(A) Nur Aussage I ist richtig.

(B) Nur Aussage II ist richtig.

(C) Beide Aussagen sind richtig.

(D) Keine der beiden Aussagen ist richtig.

TEXT FÜR 5.11. UND 5.12.

David liest am Anfang einer Aufgabe immer zuerst konzentriert die Anweisungen durch, überfliegt dann den Text, um sich einen Überblick zu verschaffen, und beginnt dann mit der ersten Aufgabe. Wenn er an einer Aufgabe angelangt, die er nicht lösen kann, überspringt er sie und fährt mit der nächsten Frage fort. Nachdem er mit der Arbeit fertig ist, befasst er sich noch einmal mit der Aufgabe und bittet – falls nötig – den Lehrer um Hilfe. Während er neue Dinge lernt, verlässt er sich vor allem auf das Gedächtnis und die Beobachtung – ich weiß, dass er Informationen besser behält, wenn er Dinge sieht. In den Deutschstunden ist David sehr ruhig und folgt dem Unterricht – ganz im Gegensatz zu seinem Verhalten im Naturkundeunterricht. Obwohl er auch dann dem Unterricht folgt, unterhält er sich viel mehr mit seinen Mitschülern und macht Späße, von denen die meisten von ihm ausgehen. Das Thema „zentrales Nervensystem" interessiert ihn ganz besonders. David fällt es leicht, logische Schlussfolgerungen zu ziehen, weshalb er in faktenbasierten Fächern, wie Mathematik und Wissenschaft, glänzen kann. Er hat allerdings Schwierigkeiten, seine Kreativität zu nutzen.

5.11. Welche der folgenden Aussagen ist oder sind dem Text zufolge richtig?

I. David setzt seine musische Begabung mit Leichtigkeit ein.

II. David bevorzugt es, sich Dinge über Sehen und Hören einzuprägen.

(A) Nur Aussage I ist richtig.

(B) Nur Aussage II ist richtig.

(C) Beide Aussagen sind richtig.

(D) Keine der beiden Aussagen ist richtig.

5.12. Welche der folgenden Aussagen ist oder sind dem Text zufolge richtig?

I. Im Fach Deutsch verhält sich David stets ruhig.

II. David weiß genau, was das zentrale Nervensystem ist.

(A) Nur Aussage I ist richtig.

(B) Nur Aussage II ist richtig.

(C) Beide Aussagen sind richtig.

(D) Keine der beiden Aussagen ist richtig.

TEXT FÜR 5.13. UND 5.14.

„Bangkok", eine 2011 entstandene Fotoserie von Andreas Gursky, glänzt. Was „Bangkok", neun große Hochformate, je gut drei auf gut zwei Meter, mit Bangkok zu tun hat, erschließt sich optisch nicht, denn Bangkok wird auf „Bangkok" nicht erkennbar. Kein Palast und kein Buddha, nur Wasser, und das uferlos, mit Lichtstreifen oder Lichtmosaiken, die der dunkle, unruhige Grund zurückwirft, mal als gezackte, gleißende Vertikale, deren grauer Schatten und orangefarbener Reflex parallel laufen, mal als amorphe, scheinbar fliegende Flecken. Der Grund ist schwarzweiß, dazwischen wimmeln kleine bunte, dunkelgelbe, türkis- und rosafarbene Punkte und Einsprengsel.

Von der Stadt ist nichts zu sehen, nur der Fluss Chao Phraya, der sich finster und schwerfällig durch sie wälzt und sie, so suggeriert der Titel „Bangkok", ganz in sich aufgenommen hat. Wie andere Flüsse in anderen Megacitys führt er Unrat mit sich: Abfall – Zivilisationsmüll. Schwarz ist das Wasser, aber fließt es wirklich? Es könnte auch Lava oder Teer, Öl oder Schlick sein.

Quelle: http://www.faz.net/aktuell/feuilleton/kunst/andreas-gursky-alles-im-fluss-11938416.html; Stand 24.07.2019

5.13. Welche der folgenden Aussagen ist oder sind dem Text zufolge richtig?

I.   Die Fotoserie „Bangkok" von 2011 ist drei mal vier Meter groß.

II. In der Fotoserie ist die Schattenseite Bangkoks zu sehen: Es wird ausschließlich ein Fluss abgebildet in dem eine große Menge an Müll zu erkennen ist.

(A) Nur Aussage I ist richtig.

(B) Nur Aussage II ist richtig.

(C) Beide Aussagen sind richtig.

(D) Keine der beiden Aussagen ist richtig.

5.14. Welche der folgenden Aussagen ist oder sind dem Text zufolge richtig?

I.   Auf den Fotografien sind Streifen, Mosaiken und viele amorphe Formen zu sehen.

II. Die Stadt Bangkok ist auf „Bangkok" erkennbar.

(A) Nur Aussage I ist richtig.

(B) Nur Aussage II ist richtig.

(C) Beide Aussagen sind richtig.

(D) Keine der beiden Aussagen ist richtig.

TEXT FÜR 5.15. UND 5.16.

Immer wieder wird von illegalen und unmoralischen Handlungen durch Individuen innerhalb von Unternehmen und zwischen Unternehmen berichtet. Das wirft Fragen nach den Gründen solcher Handlungen auf. Fraglich ist, ob die Marktwirtschaft moralische Werte vermittelt, ob sie Anreize für unmoralische Handlungen schafft, ob sie unmoralisches Handeln zu Gunsten der Gewinnmaximierung und zum Nachteil der Ethik durchsetzt, ob es Unternehmen durch interne Wertevorschriften möglich ist diese Handlungen einzudämmen und ob Unternehmen selbst Interesse an der Einhaltung eigener Wertevorschriften haben oder ob sie sich im Falle eines moralischen Dilemmas doch immer für den Gewinn entscheiden.

5.15. Welche der folgenden Aussagen ist oder sind dem Text zufolge richtig?

    I.   Banken werden als unmoralisch bezeichnet.

    II.   Die Marktwirtschaft vermittelt moralische Werte.

       (A) Nur Aussage I ist richtig.

       (B) Nur Aussage II ist richtig.

       (C) Beide Aussagen sind richtig.

       (D) Keine der beiden Aussagen ist richtig.

5.16. Welche der folgenden Aussagen ist oder sind dem Text zufolge richtig?

    I.   Im Text werden keine klaren Vorschläge zur Lösung des Problems gemacht.

    II.   Das Problem bezieht sich nur auf Handlungen zwischen Unternehmen.

       (A) Nur Aussage I ist richtig.

       (B) Nur Aussage II ist richtig.

       (C) Beide Aussagen sind richtig.

       (D) Keine der beiden Aussagen ist richtig.

TEXT FÜR 5.17. UND 5.18.

Dillig: Was ist das Besondere an der Landschaft der Deutschen Sportvereine?

Schulke: Mit heute 90 000 Sportvereinen gibt es in Deutschland einfach extrem viele und vielfältige. In anderen Ländern, die ebenfalls eine lebendige Vereinslandschaft haben wie Schweden, die Schweiz oder die USA, findet sich das nicht so. Die meisten sind aus der Turnerbewegung des 19. Jahrhunderts entstanden. Alles begann damit, dass Friedrich Ludwig Jahn, der spätere »Turnvater«, 1811 einen Turnplatz für Leibesübungen in der Hasenheide errichtet hat.

Dillig: Ein Art Outdoor-Fitnessstudio.

Schulke: Exakt. Die Geräte sind vergleichbar. Dies war ein offener und öffentlicher Platz, hier konnte jeder hinkommen, egal welchen Alters, welcher Schicht. Jeder konnte sich individuell aussuchen, was für Übungen er macht. Die Losung der französischen Revolution »Freiheit, Gleichheit, Brüderlichkeit« wurde hier gelebt und führte zu dem damals völlig neuen Konstrukt »Verein«. So etwas gab in der Menschheitsgeschichte zuvor nicht.

Dillig: Jahn wird von vielen heute als Nationalist und Militarist gesehen.

Schulke: Ja, auch weil die Nazis ihn für sich beansprucht haben. Das ist aber ungerecht. Jahn war Demokrat, aufgeklärter Pädagoge und, insoweit militärisch, als er ein Vertreter der Wehrertüchtigung war, allerdings nur im Sinne eines Schutzkrieges, keines Angriffskrieges. Er war der Meinung, Deutschland, das ja von Napoleon überfallen worden war und von dessen stehendem Heer unterdrückt wurde, müsse sich verteidigen können. Aber was er mit seinen Turnplätzen etablierte, war das Gegenteil des »Kadavergehorsams«, der noch zu Zeiten Friedrich des Großen herrschte. (...)

Quelle: Erster Teil des Interviews »In Sportvereinen war die Willkommenskultur schon immer selbstverständlich« vom 26.07.2016, http://sz-magazin.sueddeutsche.de/texte/anzeigen/44831, Stand 27.07.2019

5.17. Welche der folgenden Aussagen ist oder sind dem Text zufolge richtig?

I. Der erste Turnplatz wurde Anfang des 19. Jahrhunderts für Leibesübungen in der Hasenheide errichtet und war eine Art Freiluft-Fitnessstudio.

II. Der Sportplatz auf dem sich jeder individuelle Übungen aussuchen konnte, entsprang dem deutschen Modell der Demokratie.

(A) Nur Aussage I ist richtig.

(B) Nur Aussage II ist richtig.

(C) Beide Aussagen sind richtig.

(D) Keine der beiden Aussagen ist richtig.

5.18. Welche der folgenden Aussagen ist oder sind dem Text zufolge richtig?

I. Der Begriff „Verein" war eine neuartige Erfindung und rührte aus der französischen Revolution.

II. Jahn war ein nationalistischer Vertreter der Wehrertüchtigung.

(A) Nur Aussage I ist richtig.

(B) Nur Aussage II ist richtig.

(C) Beide Aussagen sind richtig.

(D) Keine der beiden Aussagen ist richtig.

TEXT FÜR 5.19. UND 5.20.

Die Luise-Meyer-Schule in Deutschland bietet durch ihre Unterabteilungen vier verschiedene Studiengänge an: das klassische Gymnasium, das musikorientierte Gymnasium, das Gymnasium für Kunst und das Gymnasium für Sprachen. Die Schule wurde vor wenigen Jahren renoviert und die neuen Einrichtungen und großzügigen Räumlichkeiten tragen zu ihrer beeindruckenden Wirkung bei. Mit Bildern aus dem Kunstlyzeum wird die Schule auf interessante und kreative Weise dekoriert. Die Schule legt großen Wert auf die Teilnahme an einer Vielzahl von außerschulischen Aktivitäten. Da die Nachfrage nach Plätzen an der Luise-Meyer-Schule in der Regel sehr hoch ist, sind einige Bewerber gezwungen, auf andere Schulen zu gehen. Dies ist trotz der Größe des Schulgeländes der Luise-Meyer-Schule der Fall.

5.19. Welche der folgenden Aussagen ist oder sind dem Text zufolge richtig?

I. Die Renovierung hat der Schule geholfen, einen guten Eindruck zu hinterlassen.

II. Immer mehr Kinder besuchen das Gymnasien, so dass die Nachfrage nach Plätzen an der Luise-Meyer-Schule stetig steigt.

(A) Nur Aussage I ist richtig.

(B) Nur Aussage II ist richtig.

(C) Beide Aussagen sind richtig.

(D) Keine der beiden Aussagen ist richtig.

5.20. Welche der folgenden Aussagen ist oder sind dem Text zufolge richtig?

I. Die Einrichtungen und die großzügigen Räumlichkeiten sind beide ein Ergebnis der Renovierung.

II. Die Luise-Meyer-Schule hat ein sehr kreatives Unterrichtsprogramm.

(A) Nur Aussage I ist richtig.

(B) Nur Aussage II ist richtig.

(C) Beide Aussagen sind richtig.

(D) Keine der beiden Aussagen ist richtig.

TEXT FÜR 5.21. UND 5.22.

Der Rückgang der Printmedien war in den letzten Jahren ein viel diskutiertes Thema. Mit zunehmender Konkurrenz durch digitale Medien sind Zeitungen mit steigenden Produktionskosten, einem Rückgang der Anzeigenumsätze und einem beispiellosen Rückgang der Auflagen konfrontiert. Von diesen Faktoren ist der Rückgang der Werbeeinnahmen das mit Abstand größte Problem, mit dem Zeitungen konfrontiert waren. Im Jahr 2014 stellten Forscher in den USA fest, dass die Print-Werbeeinnahmen die niedrigsten seit Beginn der Erfassung von Daten der Industrie durch die „Newspaper Association of America" im Jahr 1950 waren. Rund 350 Zeitungen in den USA haben ihr Geschäft eingestellt. Eine Reihe von Zeitungsfachleuten sind nach wie vor der Ansicht, dass gedruckte Veröffentlichungen eine wichtige Rolle für die Zukunft von Nachrichtenorganisationen spielen werden. Experten wie Aron Pilhofer, der leitende digitale Redakteur der britischen Zeitung „The Guardian", glauben jedoch, dass ein weiterer Rückgang „eine absolute Selbstverständlichkeit" sein wird.

5.21. Welche der folgenden Aussagen ist oder sind dem Text zufolge richtig?

I.   Der Aufwand für den Zeitungsdruck hat zum Rückgang beigetragen.

II. Die meisten Menschen in der Zeitungsbranche denken, dass Printmedien in der Zukunft nach wie vor eine wichtige Rolle spielen werden.

(A) Nur Aussage I ist richtig.

(B) Nur Aussage II ist richtig.

(C) Beide Aussagen sind richtig.

(D) Keine der beiden Aussagen ist richtig.

5.22. Welche der folgenden Aussagen ist oder sind dem Text zufolge richtig?

I.   In den USA sind über 300 Zeitungen in Konkurs gegangen, seit der Niedergang der Branche einsetzte.

II. Im Jahre 2014 war der Umsatz durch Printanzeigen so niedrig wie nie zuvor.

(A) Nur Aussage I ist richtig.

(B) Nur Aussage II ist richtig.

(C) Beide Aussagen sind richtig.

(D) Keine der beiden Aussagen ist richtig.

Nicht umblättern! Warten Sie auf das Zeichen des Testleiters!

STOPP

FACHMODUL: REPRÄSENTATIONSSYSTEME FLEXIBEL NUT-ZEN

Bei diesem Untertest geht es darum, Informationen aus Texten in Form einer Abbildung zu veranschaulichen. Die wichtigsten Begriffe oder Variablen werden aus dem Text herausgeschrieben und miteinander in Beziehung gebracht. Zeitliche Abläufe werden mit Pfeilen verbunden; bei Auswirkungen sind diese Pfeile positiv (+) oder negativ (-). Eine positive Auswirkung wäre beispielweise „je höher..., desto höher..." oder „je niedriger..., desto niedriger...", eine negative Auswirkung „je höher..., desto niedriger..." oder „je niedriger..., desto höher...". Es können auch andere Pfeile oder Linien vorkommen, diese werden dann in der Aufgabe erklärt.

In der Regel folgen die Aufgaben i.d.R. einem der folgenden Schemata:

- Eine Abbildung mit Texterläuterung ist gegeben. Gefragt ist nach der Korrektur der Abbildung.

- Ein kurzer Text ist gegeben. Die korrekte Abbildung muss identifiziert werden.

- Eine Abbildung mit Texterläuterung ist gegeben. Die Abbildung muss ergänzt werden.

Eventuelles Fachwissen spielt keine Rolle. Es zählen nur die in der Aufgabe gegebenen Informationen.

Der Untertest „Repräsentationssysteme flexibel nutzen" besteht aus **22 Aufgaben**, die Du in **55 Minuten** lösen musst.

Anura (Froschlurche) ist eine Klasse von Amphibien, die ungefähr 5400 Arten von Fröschen und Kröten enthält. Normalerweise werden die Anura in drei Unterordnungen unterteilt: Archaeobatrachia, Mesobatrachia und Neobatrachia. Die primitivsten Arten von Fröschen gehören zu den Archäobatrachia. Diese Gruppierung enthält nur 28 Arten, die bestimmte Merkmale aufweisen, welche andere Frösche und Kröten nicht haben. Sie kommen hauptsächlich in Südostasien und Neuseeland vor und umfassen Frösche der Familien Bombinatoridae, Discoglossidae und Leiopelmatidae. Mesobatrachia wurde erst 1993 als Unterordnung eingestuft, und Sorten ihrer 168 Arten sind auf der ganzen Welt zu finden. Dazu gehören Fröschen und Kröten der Familiengruppen Pipidae und Megophryidae. Die Familie der Pipidae besteht aus 30 Arten und zeichnet sich durch einen Mangel an Zunge und Stimmbändern aus. Die Unterordnung Neobatrachia enthält die fortschrittlichsten und apomorphsten Frösche und Kröten der drei Unterordnungen. Diese Gruppe umfasst über 5000 Arten, was 96% aller lebenden Anura entspricht, die in zahlreiche Familiengruppen unterteilt sind, darunter die Bufonidae, Brachycephalidae und Dendrobatidae.

Welche der folgenden Abbildungen zeigt die richtige Zuordnung von Ober- und Unterbegriffen?

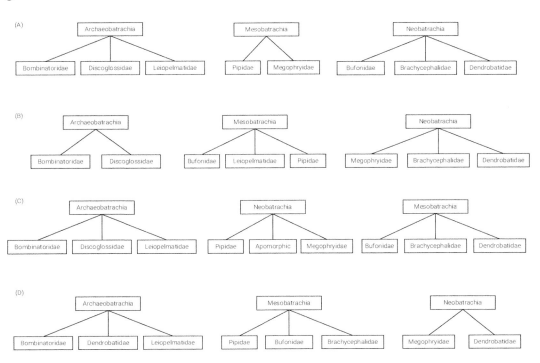

Antwort: A

Der Text erwähnt drei Unterordnungen von Anura, nämlich Archaeobatrachia, Mesobatrachia und Neobatrachia. Dann werden die jeweiligen Familiengruppen beschrieben:

Bombinatoridae, Discoglossidae und Leiopelmatidae gehören zur Unterordnung Archaeobatrachia.

Pipidae und Megophryidae gehören zur Unterordnung Mesobatrachia.

Bufonidae, Brachycephalidae und Dendrobatidae gehören zur Unterordnung der Neobatrachia. Daher ist Antwort A richtig.

6.1

Die Geschichte des Kaffees startet in Äthiopien. Dort war Kaffee wohl bereits im 9. Jahrhundert bekannt. Erst im 14. Jahrhundert kam er nach Arabien, von wo aus er nach Persien und in das Osmanische Reich gelangte. Die ersten Kaffeeüberlieferungen nach Europa stammen von einem Augsburger Mediziner, der 1582 nach Aleppo gereist war. Weitere Reisende brachten Kaffee als Souvenir mit nach Europa. Im 17. Jahrhun-dert eröffneten Kaffeehäuser in Venedig und danach in London, Wien sowie schließlich auch in Paris und Bremen.

Welche der folgenden Aussagen ist oder sind richtig?

I.   Folgende Reihenfolge trifft auf die weltweite Verbreitung des Kaffees zu:

II. Folgende Reihenfolge trifft auf die europaweite Verbreitung des Kaffees zu:

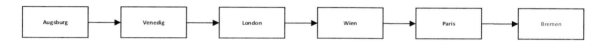

(A) Nur Aussage I ist richtig.

(B) Nur Aussage II ist richtig.

(C) Beide Aussagen sind richtig.

(D) Keine der beiden Aussagen ist richtig.

Für 6.2 und 6.3

Elizabeth steht kurz davor, aufs Gymnasium zu gehen, und ihre zukünftige Schule hat verschiedene Sportmannschaften, denen sie beitreten könnte. Sie kann an einem Sport pro Saison teil-nehmen und es gibt die Saisonen Herbst, Winter und Frühling. Sie weiß, dass sie im Winter in die Schwimmmannschaft will, weil sie Basketball nicht mag und nicht glaubt, dass sie Cheerlea-ding mag (und Wrestling nur für Jungen angeboten wird). In den anderen Saisonen ist es nicht so einfach, sich auf eine Sportart zu beschränken. Elizabeth würde gerne Mountainbiken ma-chen, weil ihr neuer Freund Tommy das macht. Außerdem würde das Mountainbiken-Training sie gut auf Leichtathletik vorbereiten, ein Mädchen-Team im Frühjahr, in dem ihre Freunde Ashley und Maria sind. Aber Elizabeth mag Volleyball wirklich, welches zur gleichen Zeit mit Mountainbiken stattfindet. Dann gibt es noch die Wahl zwischen Leichtathletik und Lacrosse. Elizabeth findet, dass Lacrosse eine unterhaltsamere Sportart ist, aber die meisten Leute, die Lacrosse spielen, spielen auch Feldhockey, und sie möchte sich während der Feldhockeysaison, die gleichzeitig mit dem Volleyball stattfindet, nicht ausgeschlossen fühlen.

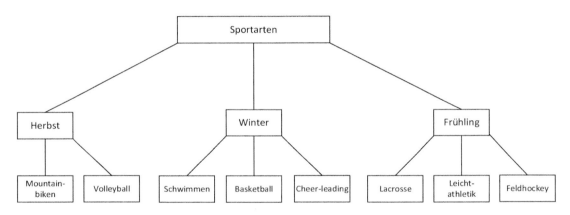

6.2 Welche der beiden folgenden Aussagen ist oder sind dem Text zufolge richtig?

I.   Mindestens eine der im Text genannten Sportarten ist in der Grafik nicht vorhanden.

II. Eine der Frühlingssportarten sollte eigentlich dem Herbst zugeordnet sein.

(A) Nur Aussage I ist richtig.

(B) Nur Aussage II ist richtig.

(C) Beide Aussagen sind richtig.

(D) Keine der beiden Aussagen ist richtig.

6.3 An welchen drei Sportarten könnte Tommy teilnehmen?

(A) Mountainbiken, Schwimmen, Leichtathletik

(B) Mountainbiken, Wrestling, Leichtathletik

(C) Volleyball, Schwimmen, Lacrosse

(D) Mountainbiken, Basketball, Lacrosse

6.4

Tee ist ein heißes Aufgussgetränk, dessen traditionellen Formen sich vor allem im Grad der Oxidation unterscheiden. Beim grünen Tee erfolgt keine gewollte Oxidation; beim schwarzen Tee findet jedoch eine komplette Oxidation statt. Die in Europa bekanntesten Teesorten sind nach ihrem Anbaugebiet benannt. Allerdings sind bei der Namensgebung der Kreativität keine Grenzen gesetzt. So gibt es zum Beispiel von der Firma Teehaus Hermann die Tees Morgentau Sonnenfeld und Rosengeflüster, welche beide eine blumige Note haben, ein Aromengemisch sind und dem grünen Tee zugeordnet werden. Die Firma verkauft auch einen schwarzen Tee, den Ostfriesentee, welcher im Grunde ein Assamtee ist. Der britische Hersteller Sussex Hillside vertreibt den Golden Yunnan, der ein wohlrie-chend blumig duftendes Aroma besitzt und auf der Mango Flower Island produziert wird. Dadurch unterscheidet sich dieser Schwarztee im Geschmack von anderen Tees, die auf dem Festland produziert werden. Außerdem stellt Sussex Hillside noch den Tee Gunpow-der her, welcher Bio-Qualität besitzt, in China angebaut wird, anders als der Golden Yunn-an jedoch grün ist. Ein anderer beliebter Produzent namens Fair Tea, welcher nur unter Fair Trade-Bedingungen produziert, trägt in seinem Sortiment den Tee Keegun Coungo, welcher sich durch seine süßlich-milde Tasse und das gleichmäßige Blattgut auszeichnet (schwarz). Der Warashino Bio hingegen ist eher fruchtig-frisch und enthält viel Vitamin-C (grün). Fair Tea vertreibt auch den schwarzen Tee Terry Lupsung Souchung welcher eine außergewöhnliche Geschmacksnuance mit sich bringt, da bei Röstung ausschließlich harzreiche Hölzer verwendet werden.

Simulation – Geistes-, Kultur- und Gesellschaftswissenschaften

Welche der folgenden Abbildungen zeigt die richtige Zuordnung von Ober- und Unterbegriffen?

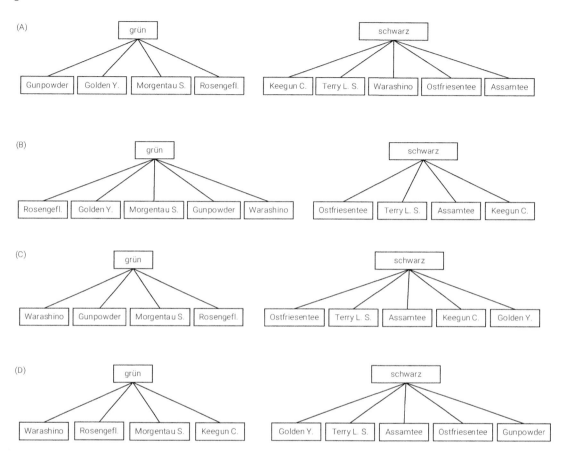

Für 6.5 und 6.6

Martin träumt davon, einen Tesla zu besitzen. Obwohl er sein aktuelles Auto, einen Lexus, gerne fährt, ist er sich zunehmend seines CO2-Fußabdrucks bewusst geworden und würde sich besser fühlen, wenn er ein rein elektrisches Auto fahren würde. Er hatte schon einmal einen Prius, aber nur für ein paar Monate, bevor er einen Volkswagen Käfer bekam, den er in seine Unistadt mitnahm. Als Martin jünger war (bevor sein Umweltbewusstsein einsetzte), träumte er davon, einen Porsche zu fahren, aber er dachte auch, dass jedes Auto besser sein würde als sein 1992er Buick Roadmaster. Das Auto, in dem er fahren gelernt hat (und das er auch zu Unizeiten fahren musste, nachdem sein Volkswagen Käfer zusammengebrochen war), war der Buick Roadmaster, ein robustes Auto, aber es roch immer nach Pizza und Zigaretten. Als Uni-Abschlussgeschenk schenkten Martins Eltern ihm einen Honda Civic, und obwohl es kein Porsche war, schätzte er das Auto sehr und es behielt es für viele Jahre.

6.5 Welches Diagramm zeigt die richtige zeitliche Reihenfolge von Martins Autos?

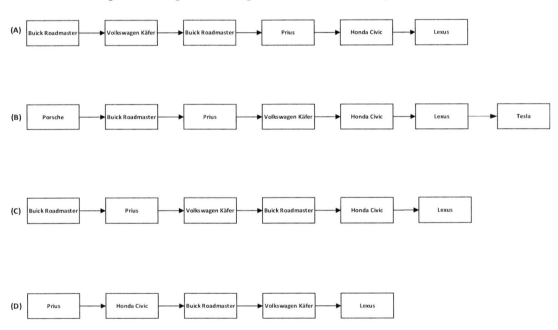

6.6 Angenommen, Martin ist im Laufe der Jahre auch zwei Leihwagen gefahren, beide Male, als sein normales Auto in der Werkstatt war. Ein Leihauto fuhr er bevor er an der Uni war, nachdem er einen platten Reifen von dem Durchfahren einer Baustelle bekommen hatte (Leihauto A). Das andere Leihauto, das Martin während des Studiums brauchte, fuhr er, nachdem er zu nahe an einer Party geparkt hatte und eines seiner Autofenster kaputt gegangen war (Leihauto B). Welche der folgenden Optionen verbindet die Leihwagen zeitlich richtig mit den Autos in der Werkstatt?

(A) *Leihwagen A*, Buick Roadmaster. *Leihwagen B*, Volkswagen Käfer.

(B) *Leihwagen A*, Prius. *Leihwagen B*, Volkswagen Käfer.

(C) *Leihwagen A*, Prius. *Leihwagen B*, Buick Roadmaster.

(D) *Leihwagen A*, Buick Roadmaster. *Leihwagen B*, Prius.

Für 6.7 und 6.8

Marathon-Trainingspläne teilen die Anzahl der Meilen, die gelaufen werden sollen, auf unterschiedliche Weise auf. Die Grafik zeigt eine Liste der verschiedenen Trainingseinheiten und deren entsprechenden Meilenanzahl.

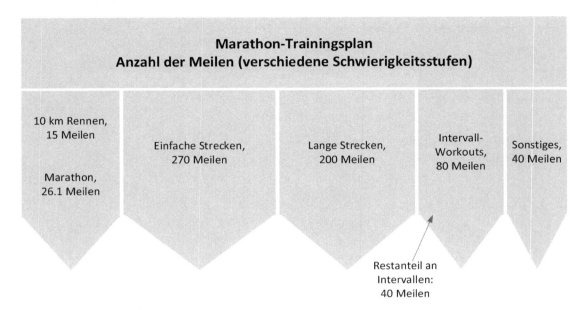

6.7 Welche der folgenden Aussagen ist oder sind der Abbildung zufolge richtig?

I.   Der Trainingsplan enthält den „Restanteil" der Intervallworkouts in der Kategorie „Intervallworkouts". Wenn in einem anderen Plan die Restanteile unter der Kategorie „Einfache Strecken" enthalten wären, wäre „Einfache Strecke" 310 Meilen und „Intervallworkouts" wären nur 40 Meilen lang.

II. Wenn bei „Sonstiges" ein zusätzlicher Pfeil stehen würde, um „Abkühlungen" aufzulisten (die sich auf 15 Meilen summieren), wäre die Kategorie „Sonstiges" nur 20 Meilen lang.

(A) Nur Aussage I ist richtig.

(B) Nur Aussage II ist richtig.

(C) Beide Aussagen sind richtig.

(D) Keine der beiden Aussagen ist richtig.

6.8 Wenn jemand die Hälfte seiner langen Strecken überspringen und stattdessen seine Intervallworkouts verdoppeln würde, wie viel mehr oder weniger würde er insgesamt laufen?

(A) Keine Änderung

(B) 20 Meilen mehr

(C) 20 Meilen weniger

(D) 60 Meilen weniger.

6.9

Gustav Mahler kam 1860 als Sohn von Bernhard und Marie (geb. Herrmann) Mahler zur Welt. Mit nur fünfzehn Jahren zog er nach Wien und besuchte dort das Konservatorium, während er selbstständig für Schule und Universität lernte. Danach hatte er mehrere Stellen als Kapellmeister inne, bevor er 1897 Direktor der Wiener Oper wurde, wo er vor allem im Bereich der Szenographie die Oper reformierte. Vor Annahme dieser renommierten Stelle konvertierte Mahler vom Judentum zum Katholizismus, um antisemitischen Kampagnen zuvorzukommen. 1902 heiratete er die fast zwanzig Jahre jüngere Alma Schindler. Aus der Ehe gingen zwei Töchter hervor, Maria Anna und Anna Justine, die ältere Tochter verstarb jedoch 1907 plötzlich. Dieser Schicksalsschlag traf die Familie sehr, Alma Mahler warf ihrem Mann vor, den Tod der Tochter durch die zuvor gegangene Komposition der Kindertotenlieder mit hervorgerufen zu haben. Gustav Mahler verarbeitete seine Trauer durch Das Lied von der Erde, währen Alma Mahler eine Affäre mit dem, damals noch unbekannten, Architekten Walter Gropius begann. 1908 zog Gustav Mahler nach New York City. Dort dirigierte er zunächst in der Met Opera, bevor er Chefdirigent der für ihn gegründeten New York Philharmoniker wurde. 1911 verstarb er aufgrund einer Herzkrankheit in Wien. Da Mahler zeitlebens dirigierte und nur nebenbei komponierte, hat er dementsprechend wenige Werke hinterlassen. Neben seinen Liedern ist er vor allem für seine Sinfonien bekannt. Obwohl Gustav Mahler den berühmtesten Vertreter seiner Familie darstellt, war er bei weitem nicht der einzige mit musikalischem Talent. Seine beiden Schwestern Justine und Emma waren mit den Brüdern Arnold und Eduard Rosé verheiratet. Alma Rosé wurde 1906 als Kind erstgenannter geboren, und war somit die Nichte Gustav Mahlers. Sie hatte einen Bruder namens Alfred und wurde, wie ihr Vater, Geigerin. Nach erfolgreicher Karriere musste sie durch Ausbruch des zweiten Weltkrieges jedoch aufgrund ihrer jüdischen Herkunft untertauchen und illegale Konzerte geben. Anders als Vater und Bruder (die Mutter war bereits verstorben), gelang Alma Rosé die Flucht nicht, und wurde 1943 nach Ausschwitz verschleppt. Dort wurde sie zur Leiterin des weiblichen Orchesters benannt, dessen Mitglieder fast alle überlebten, auch dank ihr. Alma Rosé verstarb jedoch 1944 im Lager, weniger als ein Jahr vor dessen Befreiung.

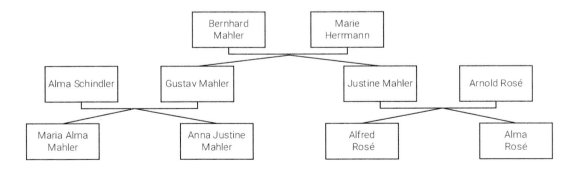

Welche der beiden folgenden Aussagen ist oder sind dem Text zufolge richtig?

I.   Der Stammbaumzweig von Gustav Mahler und Alma Schindler ist korrekt dargestellt.

II. Der Stammbaumzweig von Justine Mahler und Arnold Rosé ist korrekt dargestellt.

    (A) Nur Aussage I ist richtig.

    (B) Nur Aussage II ist richtig.

    (C) Beide Aussagen sind richtig.

    (D) Keine der beiden Aussagen ist richtig.

Für 6.10 und 6.11

Viele Menschen sind daran interessiert zu verstehen, was eine erfolgreiche Ehe ausmacht. Es gibt endlos viele mögliche Faktoren; zum Beispiel, wie das Paar kommuniziert, ob sie Kinder haben oder nicht, wie viel Geld sie verdienen usw. Obwohl niemand mit Sicherheit sagen kann, was eine erfolgreiche Ehe ausmacht, haben Forscher bestimmte Faktoren identifiziert, die mit der Scheidungswahrscheinlichkeit eines Paares zusammenhängen. Menschen mit mehr Jahren an formaler Bildung heiraten in der Regel später, und Paare, die später heiraten, haben geringere Scheidungsraten. Aber auch das Einkommen spielt eine Rolle. Je weniger Jahre an formaler Bildung jemand hat, desto geringer ist sein Einkommen. Aber je höher das Einkommen eines Paares ist, desto geringer ist die Wahrscheinlichkeit einer Scheidung. So kann die Beziehung zwischen den Jahren der formalen Bildung, dem Einkommen und der Wahrscheinlichkeit einer Scheidung wie folgt dargestellt werden.

6.10   Wie kann man diese Zusammenhänge in einer Abbildung darstellen?

I.   Die Beziehung zwischen Jahren an formaler Bildung, dem Alter bei der Heirat, dem Einkommen und der Wahrscheinlichkeit einer erfolgreichen Ehe kann wie folgt dargestellt werden:

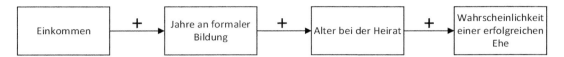

II.   Die Beziehung zwischen Jahren an formaler Bildung, dem Alter bei der Heirat, dem Einkommen und der Wahrscheinlichkeit einer erfolgreichen Ehe kann wie folgt dargestellt werden:

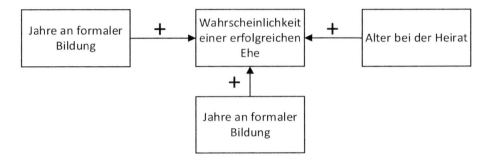

(A) Nur Aussage I ist richtig.

(B) Nur Aussage II ist richtig.

(C) Beide Aussagen sind richtig.

(D) Keine der beiden Aussagen ist richtig.

6.11 Welche Beziehungen bestehen zwischen den Jahren an formaler Bildung, dem Einkommen und dem Alter bei der Heirat sowie der Wahrscheinlichkeit einer erfolgreichen Ehe?

(A)

(B)

(C)

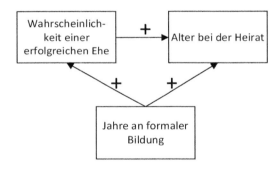

(D)

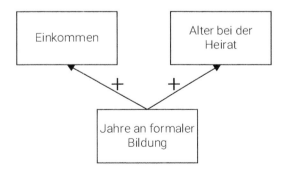

6.12

Wenn zwei Personen der Blutgruppe 0 Kinder haben, haben ihre Kinder ebenfalls die Blutgruppe 0. Halbgeschwister teilen sich einen Elternteil.

Alex hat Blutgruppe 0. Seine erste Frau Mary hat ebenfalls Blutgruppe 0. Alex hatte Kinder mit Mary, hat aber wieder geheiratet und hat auch Kinder mit Alice. Laura hat blaue Augen wie ihre Mutter. George hat braune Haare wie sein Vater. Sophie und Sarah sind Zwillinge. Ihr jüngerer Bruder Max hat Blutgruppe A. Ben hat nur ein vollbürtiges Geschwisterteil und hat grüne Augen wie seine Mutter.

Welches der folgenden Diagramme paart die Kinder mit ihrer biologischen Mutter?

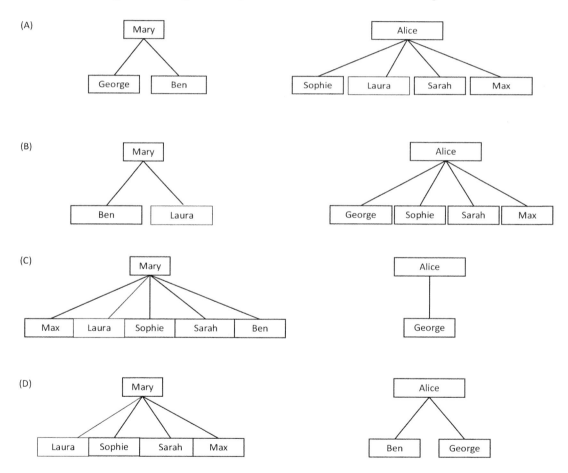

Für 6.13 und 6.14

Lebewesen können in zwei Kategorien unterteilt werden: Prokaryoten und Eukaryoten. Menschen gehören zu den Eukaryoten. Prokaryoten werden in Bakterien und Archaeen unterteilt. Die drei Domäne der Lebewesen sind also Eukaryota, Bacteria und Archaea. Eine beispielhafte Bakterienart ist E. coli (Escherichia coli). Diese Art verbinden viele mit Erbrechen und Durchfall, obwohl die meisten Menschen nicht wissen, dass es nur eine kleine Untergruppe von E. coli-Stämmen ist, die uns krank macht. Die meisten E. coli-Stämme sind nicht nur unschädlich, sondern sogar gesund. Daher kann E. coli in Stämme, die uns krank machen (pathogen) und die Stämme, die dies nicht tun (harmlos), unterteilt werden. Die Stämme können weiter in Serotypen unterteilt werden. Einer der gefährlichsten Serotypen von E. coli ist O157:H7. Es wird normalerweise durch Rohmilch oder unzureichend gekochtes Rinderhackfleisch aufgenommen. Dieser Serotyp ist Teil des größeren STEC-Stammes. Einige der anderen pathogenen Stämme sind ETEC, EPEC, EAEC, EI-EC und DAEC. Einige Bakterien werden als grampositiv eingestuft (ihr Phylum, eine Unterteilung direkt nach ihrer Domäne), E. Coli jedoch nicht. E. coli hingegen ist im Phylum der Proteobakterien. Es gibt viele andere Phylen im Bereich der Bakterien sowie im Bereich der Archaeen und Eukaryoten. Zum Beispiel gehören Menschen (Eukaryoten) zum Phylum der Chordata. Im Gegensatz zu Bakterien werden Eukaryoten vor dem Phylum in Reiche eingeteilt. Die Menschen sind im Reich Animalia.

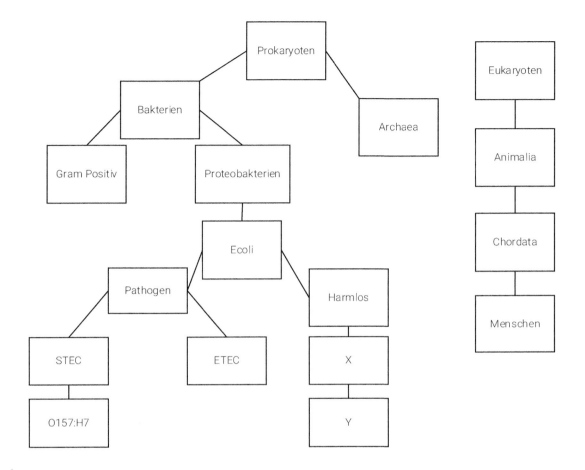

6.13 Welche der beiden folgenden Aussagen ist oder sind dem Text zufolge richtig?

I. In der Abbildung fehlen die im Text erwähnten Phylen, Domänen, Stämme und Serotypen.

II. X stellt einen harmlosen Serotyp der E. Coli dar.

(A) Nur Aussage I ist richtig.

(B) Nur Aussage II ist richtig.

(C) Beide Aussagen sind richtig.

(D) Keine der beiden Aussagen ist richtig.

6.14 Welches Phylum ist EIEC?

(A) Gram Positiv

(B) Chordata

(C) Bakterie

(D) Proteobakterie

6.15

Die monatlichen Kosten des Berliner Cafés „Waffelzeit" belaufen sich auf 10.000 €. In der folgenden Grafik ist zu erkennen, wie die Kosten aufgeteilt sind:

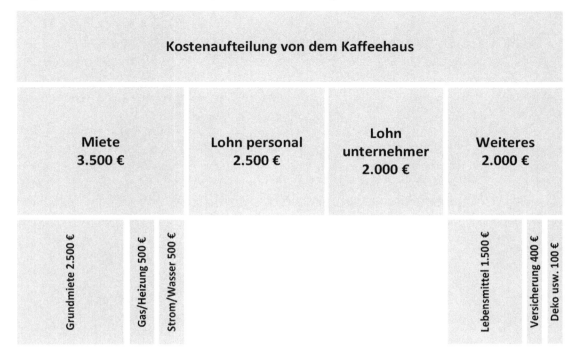

Welche der beiden folgenden Aussagen ist oder sind dem Text zufolge richtig?

I. Wenn es unterhalb des Kastens „Lebensmittel" einen weiteren Kasten mit der Beschriftung „Gemüse 500 €" geben würde, dann wären „Lebensmittel 2.000 €" und „Weiteres 2.500 €", und die Gesamtkosten würden sich entsprechend auf 10.500 € erhöhen.

II. In der Grafik ist „Versicherung 400 €" unter „Weiteres" gelistet. Würde man diesen Unterpunkt zu „Miete" verschieben, und unter „Weiteres" stattdessen den neuen Punkt „Servietten und Tischdecken 400 €" einfügen, so würde „Weiteres 2.000 €" so bleiben und „Miete" sich auf „Miete 3.900 €" erhöhen. Die Gesamt-kosten würden entsprechend 10.400 € betragen.

(A) Nur Aussage I ist richtig.

(B) Nur Aussage II ist richtig.

(C) Beide Aussagen sind richtig.

(D) Keine der beiden Aussagen ist richtig.

Für 6.16 und 6.17

Gärtner in Großbritannien wissen, welche Schäden Schnecken an ihren Pflanzen anrichten können. Die Agriolimax reticulatus ist besonders verbreitet und eine Bedrohung für gepflegte Gärten.

Je mehr Schnecken sich in einem Garten befinden, desto größer ist der Schaden, den die Pflanzen erleiden (außer in Dürreperioden, denn während der Dürre verstecken sich die Schnecken, lassen die Pflanzen in Ruhe und paaren sich auch nicht). Gärtner können versuchen, Schnecken mit Gift zu töten, aber obwohl dies vorübergehend wirksam ist, werden sich die Schnecken in der Regel im nächsten Jahr wieder ansiedeln.

Agriolimax-reticulatus-Schnecken können mehrere Male Eier aus nur einer Paarung legen, wobei das erste Mal die meisten Eier vorhanden sind und die Anzahl der gelegten Eier mit jedem Mal abnimmt. Die meisten Eier werden in den wärmeren Monaten und in der Nacht gelegt. Schnecken brauchen eine feuchte Oberfläche, damit sie sich paaren und ihre Eier darauflegen können. Je mehr Eier gelegt werden, desto mehr Schnecken bevölkern den Garten und richten Schaden an den Pflanzen an.

6.16 Welche der beiden folgenden Aussagen ist oder sind dem Text zufolge richtig?

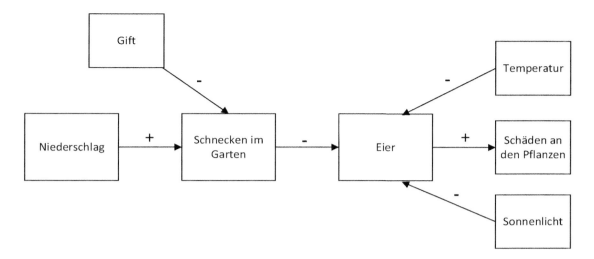

I. Der Zusammenhang zwischen Temperatur bzw. Sonnenlicht und Eiern ist richtig dargestellt.

II. Der Zusammenhang zwischen Gift bzw. Niederschlag und Schnecken im Garten ist richtig dargestellt.

(A) Nur Aussage I ist richtig.

(B) Nur Aussage II ist richtig.

(C) Beide Aussagen sind richtig.

(D) Keine der beiden Aussagen ist richtig.

6.17 **Angenommen, in Großbritannien wird eine invasive Raupenart eingeführt, die Agriolimax reticulatus-Schnecken tötet. Wie Schnecken leben diese Raupen in Gärten, außer wenn Gift versprüht wird. Gift beseitigt die Raupen vollständig und dauerhaft (im Gegensatz zu den Schnecken, die im nächsten Jahr zurückkehren können). Wie kann man diese Effekte in einem Diagramm darstellen?**

I. I. Das Vorhandensein von Raupen ist durch ein $\xrightarrow{-}$ mit Schäden an Pflanzen und durch ein $\xrightarrow{-}$ mit Schnecken im Garten verbunden.

II. Schäden an Pflanzen sind sowohl mit dem Vorhandensein von Raupen als auch mit Niederschlag durch ein $\xrightarrow{}$ verbunden und hängen mit Schnecken im Garten durch ein $\xrightarrow{+}$ zusammen.

(A) Nur Aussage I ist richtig.

(B) Nur Aussage II ist richtig.

(C) Beide Aussagen sind richtig.

(D) Keine der beiden Aussagen ist richtig.

6.18

Das Amt des obersten Machthabers Chinas wird nicht durch das Volk gewählt, sondern seit 1949 vom Generalsekretär (Vorsitzenden vor 1980) der Kommunistischen Partei bekleidet. Mit der Gründung der Volksrepublik China wurde Mao Zedong 1949 zum ersten überragenden Führer. Neben Stabilisierung, Fortschritt und Chinas Wandel zum Kommunismus war Mao auch für den großen Sprung vorwärts verantwortlich, während dem viele Millionen Menschen verhungerten. Nach seinem Tod 1976 versuchte seine Witwe Jiang Qing die Macht an sich zu reißen, sie wurde jedoch verhaftet und Hua Guofeng neuer Vorsitzender. Innerhalb der Partei gab es zu der Zeit um Deng Xiaoping noch einen anderen Flügel, der auf dem Parteitag 1977 erstarkte und so Dengs Positionen durchsetzen konnte. Ein Jahr danach begann die Phase der Reform- und Öffnungspolitik. Hu Yaobang wurde 1980 Generalsekretär der kommunistischen Partei und hatte ab 1981 den alleinigen Vorsitz. Er wurde 1987 durch Zhao Ziyang ersetzt. Nach dem Tod Hu Yaobangs 1989 kam es zu Studentenprotesten, welche im Tian'anmen-Massaker gipfelten, da durch Deng Xiaoping das Kriegsrecht verhängt wurde. Danach wurde Jiang Zemin, durch Deng Xiaoping, welcher noch immer die politische Richtung der Partei vorgab, gestützt, neuer Generalsekretär. Jiang Zemin war mit Hilfe Zhu Rongjis für zahlreiche wirtschaftliche Reformen verantwortlich, so trat China 2001 der WTO bei, was die Öffnung hin zum Westen weiter vorantrieb. Seine Macht hatte Jiang Zemin auch durch Übernahme des Postens des Staatspräsidenten von Yang Shangkun im Jahre 1993 gesichert. 2002 trat er von seinen Ämtern zurück, sein Nachfolger als Generalsekretär wurde Hu Jintao, unter dem China zur größten Wirtschaftsmacht Asiens aufstieg. 2012 kam schließlich Xi Jinping an die Macht und ließ später die Amtszeitbegrenzung aufheben, um so oberster Führer auf Lebenszeit bleiben zu können.

Welche Abbildung zeigt die richtige Folge der obersten Machthaber Chinas?

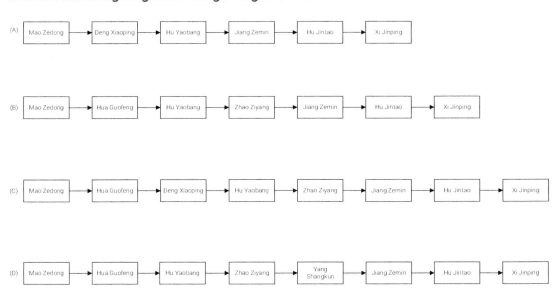

Für 6.19 und 6.20

Rotwein enthält Resveratrol, ein Antioxidans, welches das Risiko an Krebs und Sehverlust zu erkranken, verringert. Rotwein enthält aber auch Alkohol, der den Blutdruck erhöht. Weniger Alkohol kann auch beim Abnehmen helfen. Und ein Weg, den Blutdruck zu senken, ist Abnehmen.

6.19 Welche der beiden folgenden Aussagen ist oder sind dem Text zufolge richtig?

    I.   Rotwein kann zur Gewichtszunahme beitragen, welche den Blutdruck erhöhen kann.

    II. Wenn man mehr Rotwein trinkt, wenn man gestresst ist, ist folgende Abbildung richtig:

    (A) Nur Aussage I ist richtig.

    (B) Nur Aussage II ist richtig.

    (C) Beide Aussagen sind richtig.

    (D) Keine der beiden Aussagen ist richtig.

6.20 Eine Art, auf die weniger Wein zu trinken zum Gewichtsverlust beiträgt, ist durch Bewegung. Das Trinken von Rotwein führt zu einer verminderten Motivation für Bewegung, und Bewegung fördert den Gewichtsverlust. Wie wird die Beziehung zwischen Gewichtsverlust, Rotwein und Bewegung richtig dargestellt?

(A) Gewichtsverlust ist mit Rotwein durch $\xrightarrow{-}$ und mit Bewegung durch $\xrightarrow{+}$ verbunden.

(B) Rotwein ist mit Gewichtsverlust durch $\xrightarrow{-}$ und mit Bewegung durch $\xrightarrow{-}$ verbunden.

(C) Rotwein ist mit Gewichtsverlust durch $\xrightarrow{-}$ verbunden, und Bewegung steht dazwischen, sodass Rotwein $\xrightarrow{-}$ Bewegung $\xrightarrow{-}$ Gewichtsverlust.

(D) Bewegung ist mit Rotwein durch $\xrightarrow{-}$ und Gewichtsverlust durch $\xrightarrow{+}$ verbunden.

6.21

Jedes Wirtschaftssystem braucht neue Arbeitskräfte, um seine Produktivität zu erhöhen und so mehr Arbeitsstellen zu kreieren. Wenn es jedoch nicht genügend Arbeitsstellen gibt, erhöht sich die Anzahl an Arbeitslosen, was sich negativ auf das Wirtschaftssystem auswirkt.

Welche der beiden folgenden Aussagen ist oder sind dem Text zufolge richtig?

I. In einer Abbildung wären Teile der Zusammenhänge wie folgt dargestellt: Arbeitskräfte werden durch $\xrightarrow{+}$ mit Wirtschaftssystem verbunden, $\xrightarrow{+}$ zeigt auf Wirtschaftssystem.

II. In einer Abbildung wären Teile der Zusammenhänge wie folgt dargestellt: Arbeitsstellen werden mit $\xrightarrow{+}$ mit Produktivität und mit $\xrightarrow{-}$ mit Wirtschaftssystem verbunden. $\xrightarrow{+}$ zeigt auf Arbeitsstellen und $\xrightarrow{-}$ zeigt auf Wirtschaftssystem.

(A) Nur Aussage I ist richtig.

(B) Nur Aussage II ist richtig.

(C) Beide Aussagen sind richtig.

(D) Keine der beiden Aussagen ist richtig.

6.22

Koffein, meistens durch Kaffee aufgenommen, hat verschiedene Wirkungen auf den Körper. Allgemein kann man sagen, das Koffein den Stoffwechsel (Metabolismus) anregt. Dadurch wird auch die Verdauung angeregt, und Nahrung wird schneller verdaut. Das Zentralnervensystem wird von Koffein ebenfalls angeregt. Das hat verschiedene Auswirkungen, so wird man wacher und kann sich besser konzentrieren. Koffein vergrößert den Durchmesser peripherer Blutgefäße (Arterien, Venen, Kapillaren), dadurch wird die Muskulatur besser mit Sauerstoff versorgt. Der Durchmesser von Gefäßen im Gehirn wird allerdings verkleinert, was zu Kopfschmerzen führen kann.

Die folgende Abbildung zeigt die Wirkung von Koffein auf den Menschlichen Körper.
D = Durchmesser Blutgefäße im Gehirn
KS = Kopfschmerzen
PG = Periphere Gefäße
O2 = Sauerstoff
MB = Anregung Metabolismus
V = Verdauung

ZNS = Anregung Zentralnervensystem
M = Müdigkeit
KN = Konzentration.

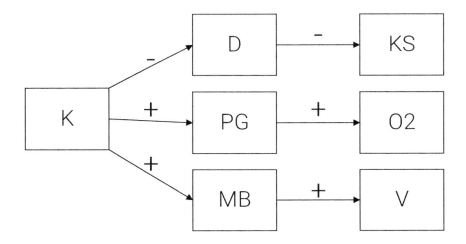

Welche der beiden folgenden Aussagen ist oder sind dem Text zufolge richtig?

I. Man kann die Abbildung ergänzen, in dem man ZNS durch ein $\xrightarrow{+}$ mit K verbindet, und M und KN jeweils mit einem $\xrightarrow{+}$ mit ZNS. Ein $\xrightarrow{+}$ zeigt von K zu ZNS und von ZNS zu M und KN.

II. In der Abbildung sind die Zusammenhänge zwischen Koffein, Durchmesser der Blutgefäße im Gehirn und Kopfschmerzen richtig dargestellt.

(A) Nur Aussage I ist richtig.

(B) Nur Aussage II ist richtig.

(C) Beide Aussagen sind richtig.

(D) Keine der beiden Aussagen ist richtig.

Nicht umblättern! Warten Sie auf das
Zeichen des Testleiters!

STOPP

FACHMODUL: SPRACHSTRUKTUREN ERKENNEN

Du erhältst Sätze auf Deutsch und in verschiedenen fiktiven Sprachen. Jetzt musst Du die Regeln jeder dieser Sprache ermitteln und den Satz basierend auf diesen Regeln übersetzen. Nach zwei Fragen erhältst Du eine neue fiktive Sprache, die in keiner Weise zu der fiktiven Sprache aus den vorangegangenen Fragen in Verbindung steht.

Du hast bei der Prüfung insgesamt **50 Minuten** Zeit, um die **22 Fragen** des Abschnitts „Sprachensysteme" zu beantworten.

BEISPIEL

momle lomanozete rokoz	=	Der Vater hilft seinem Sohn.
naqumi katoze talokoz	=	Die Mutter grüßt den Hund.
molde katozete sumolüm	=	Der Schüler umarmt seinen Hund.
ronume molde ranilüm	=	Der Lehrer mag den Schüler.

„Der Lehrer umarmt den Schüler und seinen Sohn" heißt in der fremden Sprache:

(A) moldexümoldi ronume sumokoz

(B) ronume moldexütakonete sumolüm

(C) lomanozexükatoze ronume sumolüm

(D) ronume moldexütakonete ronume

Antwort: B

Verb: umarmen = sumolüm, Lösungsmöglichkeiten: B, C.

Objekt: der Schüler = molde-, sein Sohn = takone-te, Antwort: B.

Zusätzliche Hinweise:

- *Subjekt: der Lehrer = ronume.*
- *und = -xü-*

FÜR 7.1. UND 7.2

leötokuzy	=	ich schrieb
löetokö	=	er liest
leötoko	=	du schreibst
löetokämi	=	sie werden lesen
leötokü	=	wir schreiben

7.1. „**Wir lasen und er schrieb" heißt in der fremden Sprache:**

(A) löetokü tomo leötoko

(B) löetoku tomo leötokozy

(C) leötokü tomo leötoko

(D) löetoküzy tomo leötoközy

7.2. „**Ich werde lesen und du wirst schreiben" heißt in der fremden Sprache:**

(A) löetokumi tomo leötokomi

(B) leöetokumi tomo leötokomi

(C) leötoku tomo löetokomi

(D) löetoku tomo leötokomi

FÜR 7.3. UND 7.4.

qalogut zo	=	Ich fuhr.
Qelogut	=	Du fährst.
qamopu	=	Ich schlafe.

7.3. **„Gehst Du?" heißt in der fremden Sprache:**

(A) tolutqe zo

(B) tolummqe

(C) toluqa maq

(D) qeloqu zo

7.4. **„Ich fahre und Du schläfst" heißt in der fremden Sprache:**

(A) qalogut zo qemoput

(B) qelogut zö qamopu

(C) qelogut zö qamopu

(D) qalogut zö qemopu

FÜR 7.5. UND 7.6

moloztipe boto xoxiq	=	Die Architektin zeichnet schnell.
lumetepi moloztipe xax	=	Der Maler ruft die Architektin.
maleztipe boto xuxy	=	Die Praktikantin schreibt schnell.
lumeztipe maleztipe xüxlim	=	Die Maler ärgern die Praktikantin.

7.5. **„Die Architektin ruft den Maler" heißt in der fremden Sprache:**

(A) lumetepi xüxlim moloztipe

(B) moloztepi lumetipe xüxlim

(C) moloztipe lumetepi xax

(D) lumetepi molozlipe xax

7.6. **„Die Praktikantin zeichnet die Architektin" heißt in der fremden Sprache:**

(A) maleztipe xoxiq moloztipe

(B) maleztipe moloztipe xoxiq

(C) moloztipe xuxy maleztipe

(D) moloztipe maleztipe xuxy

FÜR 7.7. UND 7.8.

lueqezülma	=	ich sang
laeqekom	=	er spricht
luequzülmy	=	wir werden singen
loequzül	=	ihr singt
laequkomma	=	sie sprachen

7.7. **„Du sprichst" heißt in der fremden Sprache:**

(A) luequkom

(B) loequkom

(C) laeqekom

(D) loeqekom

7.8. **„Sie wird sprechen" heißt in der fremden Sprache:**

(A) laeqekommy

(B) laeqekom

(C) loeqekommy

(D) laequkom

FÜR 7.9. UND 7.10

lamo pe	=	du kommst
lamo te	=	ihr kommt
bamo te	=	ihr geht

7.9. **„Ihr werdet kommen" heißt in der fremden Sprache:**

      (A) xibamo te

      (B) xilamo pe

      (C) te xibamo

      (D) xilamo te

7.10. **„Du kommst und du bleibst" heißt in der fremden Sprache:**

      (A) lamo pe tilo gamo pe

      (B) lamo pe tilo lamo pe

      (C) lamo pe tilo gamote

      (D) lamope tilo lamo pe

FÜR 7.11. UND 7.12.

ba ?zuxöm lem	=	Wird er lesen?
kito bao	=	Sie schreibt.
kito nep ba	=	Er schrieb.
?kito lem bao	=	Sie wird schreiben.

7.11. „Schrieben sie?" heißt in der fremden Sprache:

    (A) baoz kito nep

    (B) baoz kito

    (C) baoz zuxöm nep

    (D) ?kito lem baz

7.12. „Sie liest und er wird schreiben" heißt in der fremden Sprache:

    (A) zuxöm bao toki ?kito lem ba

    (B) zuxöm bao ?toki kito lem ba

    (C) zuxöm ba toki ?kito ba

    (D) kito bao toki lem bam

FÜR 7.13. UND 7.14

mulkamörz	=	Die Tochter kocht.
nemguleng tolo mörzxe	=	Der Vater fragt seine Tochter.
mulkugümp rak	=	Der Freund kocht gerne.
laczuram tolo gümpxe	=	Der Nachbar besucht seinen Freund.

7.13. „Die Tochter fragt ihren Freund" heißt in der fremden Sprache:

    (A) nemgamörz tolo gümpxe

    (B) mulkigümp tolo mozxe

    (C) nemgimorz tolo gümpxe

    (D) mulkimorz tolo gümpxe

7.14. „Der Nachbar besucht gerne seinen Vater" heißt in der fremden Sprache:

    (A) luczamörz rate tolo lengxe

    (B) nemgigümp tolo lengxe rak

    (C) laczuram rak tolo lengxe

    (D) laczuram rate tolo ramxe

FÜR 7.15. UND 7.16.

ko narux	=	Sie schwimmt regelmäßig.
te zynorux	=	Du wirst viel schwimmen.
li zyrux	=	Ihr werdet schwimmen.
zynamot tu	=	Werde ich regelmäßig tanzen?
lörux li	=	Schwimmt ihr öfters?

7.15. „Wird sie öfters schwimmen?" heißt in der fremden Sprache:

(A) zylörux ko

(B) zylömok ko

(C) zylomole li

(D) zylöruxlö ko

7.16. „Tanzt du regelmäßig?" heißt in der fremden Sprache:

(A) te zymotna

(B) motna te

(C) namot te

(D) namotna te

FÜR 7.17. UND 7.18.

ketlinmi mule ilem	=	die Frau ist jung
ketlomni liop kitmoil oulem	=	der Mann liest das Buch gerne
ketlinmo elko ilem	=	die Oma ist alt
kitmoil meil ilem	=	das Buch ist schön

7.17. „Der Mann nimmt die Blume gerne" heißt in der fremden Sprache:

(A) ketlomni liop ketloimo lupi

(B) meil ilem ketloimo liop

(C) ketlomni ilem liop ketloimo

(D) liop ketlomni lupi ketloimo

7.18. „Der Mann und die Frau lesen das alte Buch." heißt in der fremden Sprache:

(A) ketlomni oten ketlinmi kitmoil elko oulem

(B) ketlomni oten ketlinmi oulem elko kitmoil

(C) ketlomni oten kelinmo kitmoil elko oulem

(D) ketlomni oten ketlinmi kitmoil oulem ilem

FÜR 7.19. UND 7.20.

lomvelz roxalk nep	=	Die Katze ist schwarz.
lomnoly boking nep	=	Der Rasen ist grün.
lamvoxs peny komolx tos	=	Der Junge spielt immer Fußball.
lemrasx peny minorz nep	=	Das Pferd ist immer müde.

7.19. „Das schwarze Pferd spielt auf dem Rasen" heißt in der fremden Sprache:

(A) roxalklamrasx lomnoly tos

(B) lemrasxroxalk lomnoly tos

(C) lamnoly lemrasxroxalk tos

(D) lemrasx roxalk nep lomnaly tos

7.20. „Die Katze und der Junge sind müde" heißt in der fremden Sprache:

(A) neplo roxalk lomvelz lamvoxs minorz

(B) minorz leamvelz lomvoxs neplo

(C) lomvelz at lamvoxs minorz neplo

(D) lemrasx at lamvoxs minorz neplo

FÜR 7.21. UND 7.22.

sosdslutelv	=	Die Nachbarin hört Musik.
pozkarnamsosd	=	Der Feuerwehrmann findet die Nachbarin.
pozgorgovt	=	Das Feuer brennt in der Küche.
pozkarspazel	=	Der Feuerwehrmann rettet die Frau.

7.21. „Das Feuer erschreckt die Nachbarin" heißt in der fremden Sprache:

(A) pozuplasosd

(B) pozkarspasosd

(C) pozspasosd

(D) sosduplapoz

7.22. „Die Frau hört Musik in der Küche" heißt in der fremden Sprache:

(A) sosdslutelvgovt

(B) zelslutelvgovt

(C) zelspatelvgovt

(D) telvgovtsluzel

Nicht umblättern! Warten Sie auf das Zeichen des Testleiters!

STOPP

AUSFÜHRLICHE LÖSUNGEN

3

LÖSUNGSSCHLÜSSEL

Quantitative Probleme lösen		Beziehungen erschließen	
Aufgabe	Antwort	Aufgabe	Antwort
1.1	B	2.1	B
1.2	A	2.2	C
1.3	B	2.3	D
1.4	C	2.4	A
1.5	D	2.5	B
1.6	A	2.6	B
1.7	C	2.7	D
1.8	D	2.8	A
1.9	A	2.9	B
1.10	B	2.10	C
1.11	B	2.11	B
1.12	B	2.12	A
1.13	C	2.13	C
1.14	A	2.14	A
1.15	D	2.15	C
1.16	B	2.16	B
1.17	C	2.17	B
1.18	A	2.18	C
1.19	C	2.19	D
1.20	B	2.20	A
1.21	D	2.21	D
1.22	A	2.22	C

Muster ergänzen		Zahlenreihen fortsetzen	
Aufgabe	Antwort	Aufgabe	Antwort
3.1	E	4.1	1.029
3.2	E	4.2	-3
3.3	E	4.3	-156
3.4	D	4.4	630
3.5	D	4.5	76
3.6	F	4.6	128
3.7	D	4.7	-136
3.8	A	4.8	210
3.9	E	4.9	548
3.10	D	4.10	-10
3.11	B	4.11	8
3.12	A	4.12	-72
3.13	D	4.13	-5
3.14	B	4.14	640
3.15	D	4.15	66
3.16	D	4.16	4320
3.17	D	4.17	4
3.18	B	4.18	18
3.19	D	4.19	-72
3.20	F	4.20	3
3.21	B	4.21	3
3.22	C	4.22	150

Texte verstehen und interpretieren		Repräsentationssysteme flexibel nutzen		Sprachstrukturen erkennen	
Aufgabe	Antwort	Aufgabe	Antwort	Aufgabe	Antwort
5.1	B	6.1	D	7.1	D
5.2	A	6.2	C	7.2	A
5.3	B	6.3	D	7.3	B
5.4	A	6.4	C	7.4	A
5.5	D	6.5	C	7.5	C
5.6	A	6.6	C	7.6	B
5.7	A	6.7	A	7.7	D
5.8	D	6.8	C	7.8	A
5.9	D	6.9	B	7.9	D
5.10	B	6.10	B	7.10	A
5.11	D	6.11	D	7.11	A
5.12	A	6.12	A	7.12	A
5.13	B	6.13	D	7.13	A
5.14	A	6.14	C	7.14	C
5.15	D	6.15	B	7.15	A
5.16	A	6.16	B	7.16	C
5.17	A	6.17	A	7.17	A
5.18	A	6.18	B	7.18	A
5.19	A	6.19	C	7.19	B
5.20	D	6.20	B	7.20	C
5.21	A	6.21	A	7.21	A
5.22	A	6.22	B	7.22	B

LÖSUNGSSCHLÜSSEL – ZAHLENREIHEN FORTSETZEN

	-	0	1	2	3	4	5	6	7	8	9
01		x	x	x							x
02	x				x						
03	x		x				x	x			
04		x			x			x			
05								x	x		
06			x	x						x	
07	x		x		x			x			
08		x	x	x							
09						x	x			x	
10	x	x	x								
11										x	
12	x			x					x		
13	x						x				
14		x				x		x			
15								x			
16		x		x	x	x					
17						x					
18			x							x	
19	x			x					x		
20					x						
21					x						
22		x	x				x				

KERNTEST: QUANTITATIVE PROBLEME LÖSEN

1.1 Antwort: B

Schritt 1: Bestimme den Maßstab. Maßstab => 35 cm : 280 km.

Schritt 2: Rechne km in m um. 35 cm : 280.000 m (1 km = 1000 m).

Schritt 3: Rechne m in cm um. 35 cm : 28.000.000 cm (1 m = 100 cm).

Schritt 4: Löse nach 1 cm auf. 1 cm = 28.000.000 cm / 35 cm, 1 cm = 800.000 cm.

1.2 Antwort: A

Bestimme, wie viele Angestellte jeweils denselben Job machen:

120 − 15 Assistenten = 105 Fachberater und Geschäftsführer

x = Zahl der Geschäftsführer

4x = Zahl der Fachberater

$x + 4x = 105$ *Arbeitnehmer*

$5x = 105$ *Arbeitnehmer*

$x = 21.$

Somit gibt es 21 Geschäftsführer, die zusammen 21 × 20.000 = 420.000 Euro Jahresgehalt bekommen.

1.3 Antwort: B

Die Entfernung zwischen Pferdestall und Gartenhaus beträgt: 23,42 m + 59,68 m = 83,1 m.

1.4   Antwort: C

Bestimme, welche Aussagen richtig sind:

Aussage I lässt sich aus der durchschnittlichen Arbeitszeit folgern:
4.200 Stunden / 116 Arbeiter = 36,20 Stunden, d.h. die Aussage ist korrekt.

Aussage II kann nicht abgeleitet werden, da nur die Information gegeben ist, dass 32 Arbeiter zwischen 45 und 50 Stunden gearbeitet haben.

Aussage III ist korrekt, da 116 / 2 = 58 und 28 (Arbeiter 40 – 44 Stunden) + 32 (Arbeiter 45 – 50 Stunden) = 60.

1.5   Antwort: D

Wenn Geschwindigkeit = Strecke / Zeit, dann gilt Strecke = Zeit × Geschwindigkeit.

Schritt 1: Rechne die Geschwindigkeit in Meter / Stunde um:
88 km/h × 1.000 = 88.000 m/h.

Schritt 2: Rechne die Geschwindigkeit in Meter / Sekunde um:
88.000 m/h = 88.000 m / 3600 Sekunden.

Schritt 3: Bestimme, wie viele Meter das Taxi in 2 Sekunden zurücklegen würde:
Strecke =   88.000 m / 3.600 s × 2 s

= (88.000 × 2) / 3.600

= 48,9 m.

1.6   Antwort: A

Schritt 1: Wandle Minuten in Stunden um:

20 / 60 = 0,3333

Sven fuhr also insgesamt 6,3333 Stunden.

Wenn Geschwindigkeit = Strecke / Zeit, dann gilt Strecke = Zeit × Geschwindigkeit.

Schritt 2: Verwende die Formel, um die Fragestellung zu lösen:

Strecke   = 48 km/h × 6,3333 h = 304 km.

1.7   Antwort: C

Der Sohn fährt schneller als sein Vater. Berechne die Zeit, die der Sohn und der Vater benötigen, um 1,5 km zurückzulegen. Die Differenz ist die Zeit, die der Sohn auf den Vater warten muss.

Schritt 1: Berechne, wie viele Minuten jeder der beiden benötigt, um 1,5 km zurückzulegen:

> *Wenn Geschwindigkeit = Strecke / Zeit, dann gilt Zeit = Strecke / Geschwindigkeit.*
>
> *Sohn: 1,5 km / 30 km/h = 0,05 h*
>
> *Vater: 1,5 km / 15 km/h = 0,1 h*

Schritt 2: Berechne die Zeitdifferenz und rechne diese in Minuten um:

> *0,1 h − 0,05 h = 0,05 h = 0,05 × 60 min = 3 min*

1.8   Antwort: D

Das Volumen des Tanks ist gegeben und beträgt 10 m × 30 m × 20 m = 6.000 m³. Mit einer Füllgeschwindigkeit von 10 m³ pro Minute dauert es 6.000 m³ / 10 m³/min = 600 Minuten, bis der Tank voll ist. 600 Minuten sind umgerechnet 10 Stunden: 600 / 60 = 10 Stunden.

1.9   Antwort: A

Lösung durch zusammengesetzten Dreisatz: Schritt 1: Berechne, wie lange die ursprünglichen 5 Handwerker brauchen, um auf einer Fläche von 50 m² Fliesen zu legen:

10 m²	≙	8 h
1 m²	≙	8 / 10 h = 0,8 h
50 m²	≙	0,8 h × 50 = 40 h

8 Handwerker benötigen 40 h, um auf einer Fläche von 50 m² Fließen zu legen.

Schritt 2: Berechne, wie lange 4 Handwerker dafür brauchen:

5 H	≙	40 h
1 H	≙	40 h × 5 = 200 h
4 H	≙	200 h / 4 = 50 h

4 Handwerker benötigen 50 h, um auf einer Fläche von 50 m² Fließen zu legen.

1.10 Antwort: B

Ein Punkt, der auf einer Strecke doppelt so weit von einem Ende entfernt ist wie vom anderen, liegt auf 1/3 der Strecke. Die Punkte (0 ; -1), (1 ; 0) und (2 ; 1) liegen auf der Strecke AB und teilen sie in drei gleich lange Intervalle. Der Punkt (2 ; 1) ist von A doppelt so weit weg wie von B.

1.11 Antwort: B

Schritt 1: Formuliere eine Gleichung, die die Umsätze des Geschäfts in den verschiedenen Monaten darstellt.

j = Einnahmen im Januar

d = Einnahmen im Dezember

f = Einnahmen im Februar

Aus den gegebenen Informationen weißt Du:

$$j = \frac{2}{5} d \text{ und } f = \frac{1}{4} j$$

Schritt 2: Ersetze j in der zweiten Gleichung durch $\frac{2}{5}$ d.

Schritt 3: Benutze die obenstehenden Werte, um den Durchschnitt von Januar und Februar zu bestimmen:

Durchschnitt = Summe der Werte / Anzahl der Werte.

$$\text{Durchschnitt} = \frac{2}{5} + \frac{2}{5} \times \frac{1}{4} = \frac{1}{2}$$

Die durchschnittlichen Einnahmen im Januar und Februar betragen 1/2 der Dezember-Einnahmen. Also sind die Einnahmen im Dezember doppelt so groß wie der Durchschnitt von Januar und Februar.

1.12 Antwort: B

Wenn Geschwindigkeit = Strecke / Zeit, dann gilt Strecke = Zeit × Geschwindigkeit.

Schritt 1: Wandle die Fahrtzeit der beiden in Stunden um:

120 min / 60 = 2 Stunden.

Schritt 2: Bestimme, wie weit Ben in 2 Stunden gefahren ist:

Strecke = 2 h × 14 km/h

= 28 km.

Schritt 3: Bestimme, wie weit Georg in 2 Stunden gefahren ist:

Strecke = 2 h × 9 km/h

= 18 km.

Schritt 4: Bestimme die Strecke zwischen den beiden Radfahrern:

28 + 18 = 46.

Die Radfahrer sind 46 km voneinander entfernt.

1.13 Antwort: C

Für den ersten Platz stehen 6 Teilnehmer zur Auswahl, der Zweitplatzierte kann aus den verbleibenden 5 bestimmt werden, der Drittplatzierte aus den verbleibenden 4. Die Anzahl der möglichen Ergebnisse ist also 6 × 5 × 4 = 120.

1.14 Antwort: A

40.000 € × 0,0525 = 2.100 €

1.15 Antwort: D

Um sicher zu sein, dass sie wirklich von jeder Farbe mindestens ein Paar Socken aus dem Schrank nimmt, muss von der ungünstigsten Möglichkeit ausgegangen werden: 10 blaue, 10 grüne und 2 rote Socken. Somit sollte sie 22 Socken nehmen, damit sie von jeder Farbe mindestens ein Paar Socken hat.

1.16 Antwort: B

Schritt 1: Berechne x und y aus der Formel für die Fläche eines Dreiecks:

Fläche des Dreiecks = ½ × (Grundfläche) × (Höhe)

$A = ½ xy$

$24 = ½ (y + 2) (y)$ *Setze 24 für die Grundfläche und y + 2 für x ein.*

$48 = y^2 + 2y$

$0 = y^2 + 2y - 48$ *Faktorisiere, oder benutze die Mitternachtsformel*

$0 = (y + 8) (y - 6)$

$y + 8 = 0$ $y - 6 = 0$ *Vernachlässige y = −8, da ein positiver Wert gesucht ist.*

$x = 6 + 2 = 8$

Schritt 2: Berechne z durch den Satz des Pythagoras:

$x^2 + y^2 = z^2$, *daraus folgt:* $8^2 + 6^2 = 64 + 36 = 100 = z^2$ *und z = 10.*

1.17 Antwort: C

Lösung durch einfachen Dreisatz:

100 ml	≙	1,2 g
1 ml	≙	1,2 g / 100 = 0,012 g
175 ml	≙	0,012 g × 175 = 2,1 g

1.18 Antwort: A

Bestimme den Zinsbetrag.

Die allgemeine Zinsformel lautet:

Z *= Kapital × Zinssatz × Laufzeit*

     = 4.000 € × (10/100) × 1

     = 400 €

Rudolf zahlt nach dem ersten Jahr 400 € Zinsen.

1.19 Antwort: C

Sei x = Marinas Alter

Sei y = Claudias Alter

Schritt 1: Definition zweier Gleichungen, um das Alter der Schwestern zu beschreiben:

Alter von Marina: x, Alter von Claudia: y

$x + y = 45$

$y = x - 11$

Schritt 2: Löse die Gleichung nach y auf:

$$x + (x - 11) = 45$$
$$2x = 56$$
$$x = 28$$

Marina ist 28 Jahre alt (Claudia ist 17).

1.20 Antwort: B

Schritt 1: Bestimme, wie viel Prozent aller erfolgreichen Prüfungsteilnehmer Männer waren:

$= 60\text{ \% von }40\text{ \%}$

$= 60/100 \times 40/100$

$= 0,240$

$= 24\text{ \%}.$

Schritt 2: Bestimme, wie viel Prozent aller erfolgreichen Prüfungsteilnehmer Frauen waren:

$= 75\text{ \% von }(100\text{ \% } - 40\text{ \%})$

$= 75\text{ \% von }60\text{ \%}$

$= 75/100 \times 60/100$

$= 0,45$

= 45 %.

Schritt 3: Bestimme, wie viel Prozent aller Teilnehmer die Prüfung bestanden haben:

= 24 % + 45 %   = 69 %

69 % aller Prüfungsteilnehmer haben die Prüfung bestanden.

1.21 Antwort: D

Das Blumenbeet und der Weg bilden zwei konzentrische Kreise. Da der Weg 3 m breit ist, muss der Radius r des äußeren Kreises 8 m + 3 m = 11 m betragen. Die Kreisfläche kann mit folgender Formel bestimmt werden: Fläche = π × r².

Die Fläche des Weges kann nun berechnet werden, indem man die Fläche des inneren Kreises von der Fläche des äußeren Kreises abzieht.

$A_2 - A_1 = \pi \times 11^2 - \pi \times 8^2 = 121\,\pi - 64\,\pi = 57\,\pi.$

1.22 Antwort: A

Schritt 1: Erstelle eine Tabelle, die alle Arbeitsstunden wiedergibt, die Loretta innerhalb einer Woche ableistet.

	Mo.	Di.	Mi.	Do.	Fr.	Wochenlohn
Arbeitsstunden	8	8	8	8	8	*5x*
Überstunden	3	1	2	1	0	*(3 + 1 + 2 + 1 + 0) y = 7y*

Schritt 2: Berechne die durchschnittliche Stundenzahl einer Arbeitswoche.

Durchschnitt   = Summe der Arbeitsstunden / 5 Tage

= (5x + 7y) / 5

= x + 7 / 5y

= x + 1,4y.

KERNTEST: BEZIEHUNGEN ERSCHLIEßEN

2.1 Antwort: B

Teil-Ganzes-Beziehung

Der Herd befindet sich immer in der Küche und das Waschbecken immer im Bad.

2.2 Antwort: C

Teil-Ganzes-Beziehung

Die Plattenfirma vertreibt die Musik des Musikers, der Verlag vertreibt die Bücher des Schriftstellers.

2.3 Antwort: D

Teil-Ganzes-Beziehung

Viele Häuser bilden eine Stadt; viele Bäume bilden einen Wald.

2.4 Antwort: A

Dinge, die zusammengehören

Die Kuh produziert Milch und das Huhn Eier.

2.5 Antwort: B

Synonym

„Mutig" ist vom Sinn her gleichbedeutend mit „tapfer". So ist auch „ruhig" gleichbedeutend mit „leise".

2.6   Antwort: B

Gegenteil

„Nichts" ist das Gegenteil von „alles", „wenig" ist das Gegenteil von „viel".

2.7   Antwort: D

Ober- und Unterbegriff

Die Forelle ist ein Fisch, ein Ferrari ist ein Auto.

2.8   Antwort: A

Ober- und Unterbegriff

Der Smaragd gehört zur Gruppe der Edelsteine und Schach zur Gruppe der Brettspiele.

2.9   Antwort: B

Ober- und Unterbegriff

Ein Pfirsich zählt zum Oberbegriff Obst und ein Hamster zum Oberbegriff Tier.

2.10   Antwort: C

Ober- und Unterbegriff

„tropisch" ist ein Unterbegriff von Klima und See ist ein Unterbegriff von Gewässer.

Beachte: Banane ist zwar ein Unterbegriff von Frucht, doch verglichen mit der rechten Seite des Ist-Gleich-Zeichens stehen diese beiden Begriffe in der falschen Reihenfolge; Oberbegriff steht links vom Doppelpunkt.

2.11 Antwort: B

Objekt und Ort

Fische schwimmen im Meer, Vögel fliegen im Himmel.

2.12 Antwort: A

Teil-Ganzes-Beziehung

Ein Korken gehört auf die Flasche, wie eine Tür immer zu einem Hauseingang gehört.

2.13 Antwort: C

Objekt und Eigenschaft

Die Eigenschaft der Nacht ist, dass sie „dunkel" ist und die Eigenschaft eines Blattes ist oftmals, dass es „grün" ist.

Tipp: Achte auf die Wortart. Eine Eigenschaft wird durch ein Adjektiv ausgedrückt (Wie ist die Nacht? Dunkel). Wenn zu beiden Worten ein Adjektiv passt, ist das wahrscheinlich die Lösung.

2.14 Antwort: A

Objekt und Ort

Ein Mensch bewegt sich auf der Erde fort und ein Vogel im Himmel.

2.15 Antwort: C

Objekt und Funktion

Ein Zug dient dem Transport und Eis der Kühlung.

2.16 Antwort: B

Ausführender und Handlung

Ein Richter fällt ein Urteil, ein Forscher macht eine Entdeckung.

2.17 Antwort: B

Verb und Zeitform

„Fasste" ist die Vergangenheitsform von „fassen" und „ließ" ist die Vergangenheitsform von „lassen".

Tipp: Obwohl sich beide Vergangenheitsformen nicht sonderlich ähnlichsehen, sind die Infinitive bis auf den ersten Buchstaben gleich. Lass Dich nicht davon beeinflussen, dass die Zeitformen verschiedener Verben mitunter sehr unterschiedlich aussehen, z.B. lassen → ließ.

Ein gutes Beispiel hierfür ist: graben → grub und reiten → ritt.

2.18 Antwort: C

Verb und Zeitform

„Stehen" ist der Infinitiv von „stand" und „war" ist die Vergangenheit von „sein".

2.19 Antwort: D

Ursache und Wirkung

Die Ursache „rufen" bewirkt, dass man „gehört" wird. Die Ursache „fragen" bewirkt, dass „geantwortet" wird.

2.20 Antwort: A

Problem und Lösung

Das Problem „Schweigen" wird durch „Sprechen" gelöst. Das Problem „Kälte" wird durch „Aufwärmen" gelöst.

2.21 Antwort: D

Grad einer Ausprägung

„Heiß" ist in Sachen Temperatur eine Steigerung von „warm" und „genial" ist in Bezug auf Intelligenz eine Steigerung von „klug".

2.22 Antwort: C

Grad einer Ausprägung

„Unerträglich" ist eine Steigerung des Empfindens „unangenehm" und „aufopfernd" signalisiert mehr Hilfsbereitschaft als „fürsorglich".

KERNTEST: MUSTER ERGÄNZEN

3.1

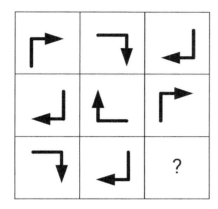

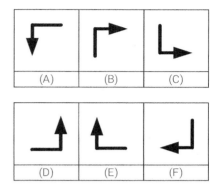

Antwort: E

Richtung: von links nach rechts →

Ausrichtung: Pfeil dreht sich im Uhrzeigersinn

Von links nach rechts: Der Pfeil dreht sich immer um 90 Grad im Uhrzeigersinn. Unten rechts muss sich also ein Pfeil befinden, dessen Spitze nach links oben zeigt.

3.2

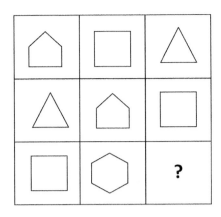

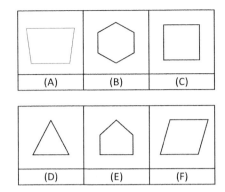

Antwort: E

Richtung: sowohl von links nach rechts als auch von oben nach unten →↓

Anzahl: Die Anzahl der Seiten/Ecken wiederholt sich horizontal wie auch vertikal nicht.

In jeder Reihe (links-rechts und oben-unten) gilt: Die Anzahl der Striche/Seiten ist nie identisch. (Beispiel oberste Reihe: Anzahl Striche 5 – 4 – 3. Die mittlere Reihe: 3 – 5 – 4).

Das Bild unten rechts muss nach dieser Regel genau 5 Striche haben. Die unterste Reihe hat 4 – 6 – ? und die Spalte ganz rechts hat 3 – 4 – ? Seiten. Daher kann nur Lösung E korrekt sein.

3.3

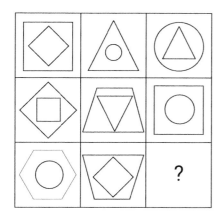 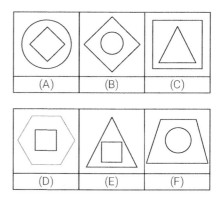

Antwort: E

Richtung: sowohl von links nach rechts als auch von oben nach unten →↓

Form: äußere wie auch innere Form unterschiedlich (keine Wiederholung!)

In allen Reihen (links-rechts und oben-unten) gilt: In keinem der Bilder dürfen die äußeren Elemente (bzw. inneren Elemente) eine identische Form haben.

Unten rechts passt deshalb nur das Bild aus Lösung E.

3.4

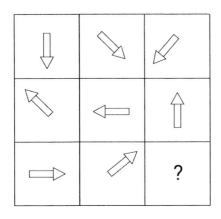

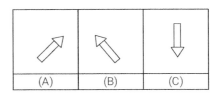

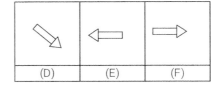

Antwort: D

Richtung: von links nach rechts →

Ausrichtung: Der Pfeil dreht sich zuerst um 45° gegen den Uhrzeigersinn und dann um 90° im Uhrzeigersinn.

In allen Reihen von links nach rechts gilt: Der Pfeil dreht sich vom 1. zum 2. Bild um 45° GE-GEN den Uhrzeigersinn und vom 2. zum 3. Bild um 90° IM Uhrzeigersinn.

Im Bild unten rechts muss sich also ein Pfeil befinden, dessen Spitze nach unten rechts zeigt.

3.5

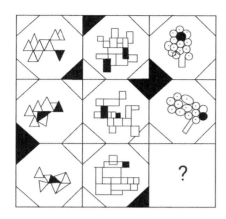 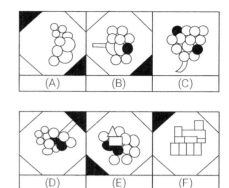

Antwort: D

Richtung: von oben nach unten ↓

Farbe: 1 oder 2 Elemente schwarz, äußerer schwarzer Bereich dreht sich im Uhrzeigersinn

Anzahl: immer ein Element weniger

3.6

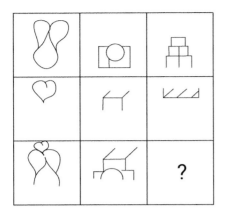

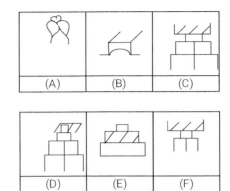

Antwort: F

Richtung: von oben nach unten ↓

Form: Für das dritte Bild werden die oberen zwei Drittel des ersten Bildes abgeschnitten und mit dem zweiten Bild kombiniert.

3.7

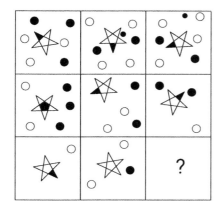

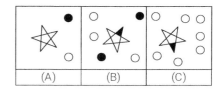

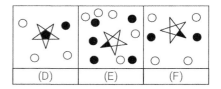

Antwort: D

Richtung: von oben nach unten ↓

Farbe: Die Färbung des Sterns spielt keine Rolle.

Anzahl: Die gleichfarbigen Kreise der 2. Form werden von der Anzahl in der 1. Form abgezogen und bestimmen die Zahl der weißen und schwarzen Kreise der 3. Form. Die verschiedenen Farben werden dabei getrennt berechnet.

3.8

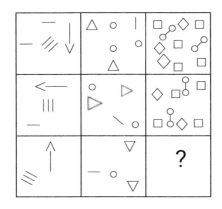

Antwort: A

Richtung: von oben nach unten ↓

Ausrichtung: Ein Element wird immer um 45° gegen und ein anderes um 90° im Uhrzeigersinn gedreht. Alle Elemente einer bestimmten Art werden stets der gleichen Veränderung unterzogen. Die Position der Elemente spielt keine Rolle.

Anzahl: Die Anzahl einer bestimmten Form nimmt in jedem Schritt um eins ab.

3.9

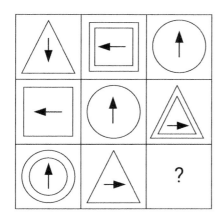

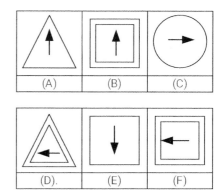

Antwort: E

Richtung: sowohl von links nach rechts als auch von oben nach unten →↓

Form: Dreieck, Viereck, Kreis (keine Wiederholung!); jeweils eine Form mit einem Element innen

Die Pfeile drehen sich (links-rechts und oben-unten) immer um 90 Grad im Uhrzeigersinn. Im Bild unten rechts zeigt der Pfeil also nach unten.

3.10

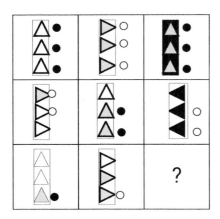

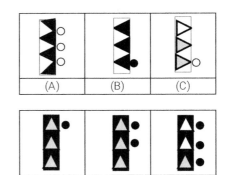

Antwort: D

Richtung: sowohl von links nach rechts als auch von oben nach unten → ↓

Farbe: Die Form aus der ersten Reihe wird in der Letzten wieder aufgegriffen.

Anzahl: horizontal → *gleiche Anzahl von Punkten, vertikal* → *3 – 2 – 1 Punkte*

3.11

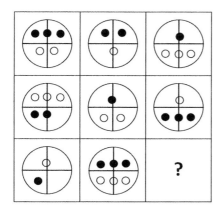
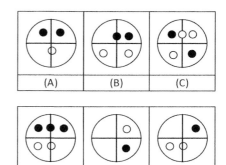

Antwort: B

Richtung: sowohl von links nach rechts als auch von oben nach unten →↓

Anzahl: Egal, ob Du Dich horizontal oder vertikal bewegst, in jeder Quadratreihe sind immer jeweils einmal ein schwarzer Punkt, einmal zwei schwarze Punkte und einmal drei schwarze Punkte vorhanden. Das Gleiche gilt für die weißen Punkte. Die Reihenfolge ist nicht relevant.

3.12

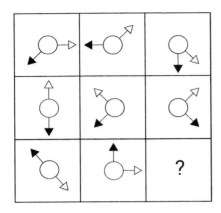

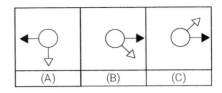

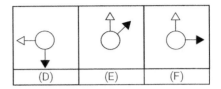

Antwort: A

Richtung von rechts nach links →

Ausrichtung: weißer Pfeil dreht sich 45° gegen den Uhrzeigersinn und dann 90° im Uhrzeigersinn; schwarzer Pfeil dreht sich 45° im Uhrzeigersinn und dann 90° gegen den Uhrzeigersinn.

3.13

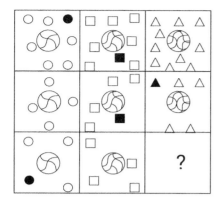

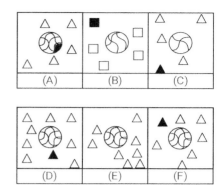

Antwort: D

Richtung: von oben nach unten ↓

Farbe: In jeder Spalte gibt es zwei Quadrate mit einem schwarzen Element und ein Quadrat ohne schwarzes Element. Die Reihenfolge ist irrelevant.

Anzahl: Äußere Elemente: Wenn sich Elemente im 1. und 2. Bild überlappen, werden sie entfernt. Und in den untersten Quadraten gibt es immer ein neues Element.

Das Element in der Mitte bleibt identisch.

3.14

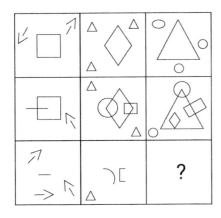

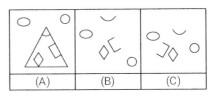

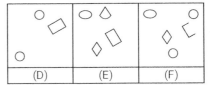

Antwort: B

Richtung: von oben nach unten ↓

Form: Die Form der äußeren Elemente bleibt in jeder Spalte gleich (auch wenn sich die Anzahl unterscheidet). Abgesehen von den äußeren Elementen, sind die einzigen sichtbaren Elemente (oder Teile der Elemente) im dritten Quadrat jene, die sich im zweiten Quadrat mit dem zentralen Element überschneiden – das zentrale Element und die sich nicht überschneidenden Teile der kleineren Elemente werden nicht angezeigt.

Anzahl: äußere Elemente 1 – 2 – 3 (Reihenfolge irrelevant)

3.15

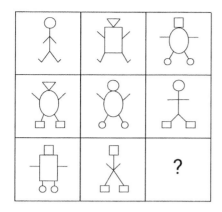

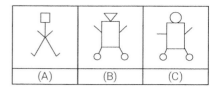

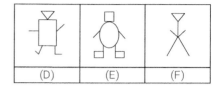

Antwort: D

Richtung: von oben nach unten ↓

Form: Die Formen von Körper, Kopf und Füßen darf sich nicht wiederholen (Kopf: Kreis, Dreieck, Rechteck. Körper: Strich, Oval, Rechteck, Füße: Striche, Rechtecke, Kreise).

3.16

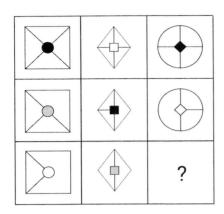

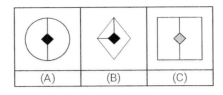

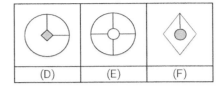

Antwort: D

Richtung: von oben nach unten ↓

Form: Eine innere Linie wird immer abgezogen. Die äußere Form in jeder Spalte bleibt unverändert.

Farbe: inneres Element schwarz, weiß, grau (keine Wiederholung)

3.17

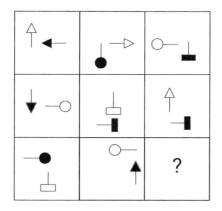
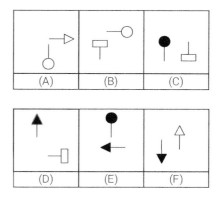

Antwort: D

Richtung: von oben nach unten ↓

Form: beliebig wechselnd

Ausrichtung: Die Linie mit dem schwarzen Ende bewegt sich 90° GEGEN den Uhrzeigersinn. Die Linie mit dem weißen Ende bewegt sich 90° IM Uhrzeigersinn.

Farbe: 1× Schwarz und 1× Weiß.

3.18

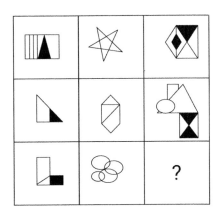

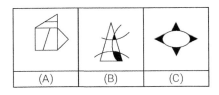

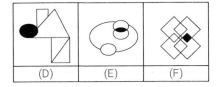

Antwort: B

Richtung: von oben nach unten ↓

Farbe: Immer gleich viele Elemente sind schwarz: 1 – 0 – 2 Elemente.

Anzahl: Nur die Anzahl der farbigen Elemente ist entscheidend.

Von oben nach unten gilt: Die Anzahl der schwarzen Elemente muss immer gleichbleiben. Unten rechts muss sich also ein Objekt mit 2 schwarzen Flächen befinden.

3.19

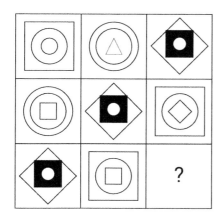

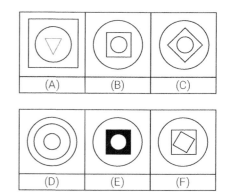

Antwort: D

Richtung: sowohl von links nach rechts als auch von oben nach unten →↓

Form: äußere Formen: Kreis, Viereck und Raute (keine Wiederholung!); mittlere Form: zweimal Kreis und einmal Viereck; die innere Form ist nicht relevant

Farbe: zweimal Weiß und einmal Schwarz

Im Bild unten rechts muss sich deshalb sowohl außen als auch in der Mitte ein Kreis befinden.

3.20

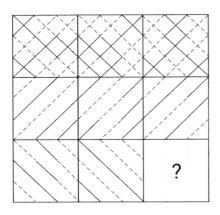

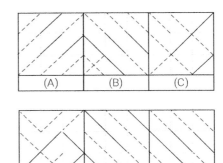

Antwort: F

Richtung: von links nach rechts →

Form: 2 unterschiedliche Linienarten (gestrichelt oder durchgezogen)

Ausrichtung: Jedes Neuntel pro Quadrat bewegt sich gegen den Uhrzeigersinn.

Eine graphische Erklärung findest Du weiter unten.

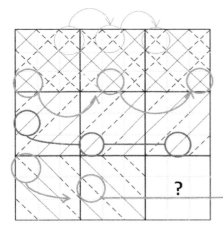

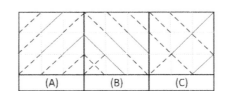

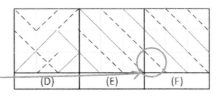

3.21

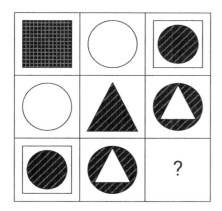 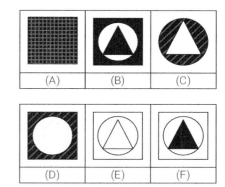

Antwort: B

Richtung: von links nach rechts

Form: 1. Form + 2. Form = 3. Form (1. Form außen, 2. Form innen)

Farbe: In der 3. Form werden die Farben der 1. und 2. Form vertauscht. War das Objekt vorher dunkel, so ist es nun hell bzw. weiß, war es zuvor hell, so ist es nun dunkel bzw. schwarz.

Im Bild unten rechts muss sich also ein dunkles Dreieck in einem weißen Kreis befinden, der wiederum komplett von einem dunklen Quadrat umschlossen wird.

3.22

Antwort: C

Richtung: von oben nach unten ↓

Anzahl: Jedes Bild besteht aus 9 kleinen Kästchen mit jeweils unterschiedlicher Anzahl kleiner Pünktchen. In jedem Bild: Von Reihe 1 zu Reihe 2 erhöht sich die Anzahl der Punkte pro Kästchen um 2. Von Reihe 2 zu Reihe 3 verringert sich die Anzahl der Punkte um 3. Somit verringert sich von Reihe 1 zu Reihe 3 für jedes der 9 Kästchen die Anzahl der Punkte um 1.

3	5	4
2	4	5
4	3	3
3+2	7	4+2
2+2	6	5+2
4+2	5	3+2
5-3	4	6-3
4-3	3	7-3
6-3	2	5-3

Unten rechts kann also nur Lösung C stimmen.

KERNTEST: ZAHLENREIHEN FORTSETZEN

4.1   126   252   255   510   513   1026   ?

Antwort: 1.029

Die Regel für diese Zahlenserie: × 2   + 3   × 2   + 3   × 2   + 3

4.2   −9   −6   −7   −4   −5   −2   ?

Antwort: −3

Die Regel für diese Zahlenreihe: + 3   − 1   + 3   − 1   + 3   − 1

4.3   −23   −21   −42   −40   −80   −78   ?

Antwort: −156

Die Regel für diese Zahlenserie: + 2   × 2   + 2   × 2   + 2   × 2

4.4   10   11   22   25   100   105   ?

Antwort: 630

Die Regel für diese Zahlenserie: + 1   × 2   + 3   × 4   + 5   × 6

4.5   34   39   41   46   55   60   ?

Antwort: 76

Die Regel für diese Zahlenserie: + 5   + 2   + 5   + 9   + 5   + 16

                                              = 2   = 2 + 7   = 9 + 7

4.6   56   63   72   83   96   111   ?

Antwort: 128

Die Regel für diese Zahlenserie: + 7   + 9   + 11   + 13   + 15   + 17

4.7   −112   −96   −121   −105   −129   −113   ?

Antwort: −136

Die Regel für diese Zahlenserie: − 9   − 9   − 8   − 8   − 7

Die Zahlenreihe kann einfach gelöst werden, wenn Du herausfinden kannst, welche Zahlen zueinander in Beziehung stehen. Hier bezieht sich die 1. Zahl auf die 3. Zahl, die 2. auf die 4., die 3. wiederum auf die 5. und so weiter.

4.8   234   236   221   225   213   219   ?

Antwort: 210

Die Regel für diese Zahlenserie: + 2   − 15   + 4   − 12   + 6   − 9

4.9   20   11   44   36   144   137   ?

Antwort: 548

Die Regel für diese Zahlenserie: − 9   × 4   − 8   × 4   − 7   × 4

4.10   50   45   30   25   10   5   ?

Antwort: −10

Die Regel für diese Zahlenserie: − 5   − 15   − 5   − 15   − 5   − 15

4.11   78   76   38   36   18   16   ?

Antwort: 8

Die Regel für diese Zahlenserie: − 2   / 2   − 2   / 2   − 2   / 2

4.12   −81   −82   −79   −80   −76   −77   ?

Antwort: −72

Die Regel für diese Zahlenserie: − 1   + 3   − 1   + 4   − 1   + 5

4.13   −280   −140   −135   −45   −40   −10   ?

Antwort: −5

Die Regel für diese Zahlenserie: / 2   + 5   / 3   + 5   / 4   + 5

4.14   660   670   680   650   660   670   ?

Antwort: 640

Die Regel für diese Zahlenserie: + 10   + 10   - 30   + 10   + 10   - 30

4.15   25   32   30   30   36   33   ?

Antwort: 66

Die Regel für diese Zahlenserie: + 7   − 2   × 1   + 6   − 3   × 2

4.16   6   6   12   36   144   720   ?

Antwort: 4320

Die Regel für diese Zahlenserie: × 1   × 2   × 3   × 4   × 5   × 6

4.17 12   8   56   8   4   28   ?

Antwort: 4

Die Regel für diese Zahlenserie: − 4   × 7   / 7   − 4   × 7   / 7

4.18 11   8   24   27   9   6   ?

Antwort: 18

Die Regel für diese Zahlenserie: − 3   × 3   + 3   / 3   − 3   × 3

4.19 −27   −30   −15   −45   −48   −24   ?

Antwort: −72

Die Regel für diese Zahlenserie: − 3   / 2   × 3   − 3   / 2   × 3

4.20 108   112   28   32   8   12   ?

Antwort: 3

Die Regel für diese Zahlenserie: + 4   / 4   + 4   / 4   + 4   / 4

4.21 −15   −12   −9   −6   −3   0   ?

Antwort: 3

Die Regel für diese Zahlenserie: + 3   + 3   + 3   + 3   + 3   + 3

4.22 80   40   36   108   54   50   ?

Antwort: 150

Die Regel für diese Zahlenserie: / 2   − 4   × 3   / 2   − 4   × 3

FACHMODUL: TEXTE VERSTEHEN UND INTERPRETIEREN

5.1. Antwort: B

Aussage I ist nicht richtig. Dem Text ist zu entnehmen, dass die ersten offiziellen Spiele im Jahr 776 v. Chr. stattgefunden haben sollen. „Viele Wissenschaftler (= Experten) glauben allerdings, dass die Spiele in irgendeiner Form bereits viele Jahre zuvor stattfanden."

Um Aussage II beurteilen zu können, müssen wir uns den letzten Satz durchlesen („Die olympische Tradition lebte in den 1800er Jahren wieder auf und die ersten modernen Spiele wurden im Jahr 1896 abgehalten"), welcher in Verbindung zum vorhergehenden Satz über Theodosius I steht, der im Jahr 393 n. Chr. die Spiele verbot. Es ist offensichtlich, dass zwischen 393 n. Chr. und den ersten modernen Spielen im Jahr 1896 (n. Chr.) mehr als tausend Jahre liegen. Daher ist Aussage II richtig.

5.2. Antwort: A

Aussage I ist richtig – wir wissen aufgrund des folgenden Textteils, dass die Spiele religiöse Elemente enthielten: „Neben dem sportlichen Ereignis gehörten zu den antiken Olympischen Spielen auch zahlreiche Zeremonien und rituelle Opfer, die dazu dienten den Gott Zeus zu ehren."

Im Text sind allerdings keine Informationen zu finden, die Aussage II bestätigen. Aufgrund von Informationen über die modernen Olympischen Spiele könnten wir zwar vermuten, dass die Aussage wahr ist, da wir uns aber ausschließlich auf den Text beziehen, ist die Aussage II falsch.

5.3. Antwort: B

Aussage I ist nicht richtig. Es ist zwar korrekt, dass der Umweltschutz in einer liberalen Gesellschaft eine untergeordnete Stellung einnimmt. Der Text liefert allerdings keine Hinweise darauf.

Aussage II geht eindeutig aus dem Text hervor.

5.4. Antwort: A

Gemäß der dritten These sind wir alle Teil der Gesellschaft, weshalb auch Angela Merkel dazu zu zählen ist. Aussage I ist also richtig.

Aussage II ist jedoch falsch, da der Text keine Informationen darüber enthält, ob die FDP das schlechteste Ergebnis ihrer Parteigeschichte erhalten hat, sondern nur, wie viel Prozent der Stimmen sie bekommen hat.

5.5. Antwort: D

Aussage I wurde formuliert, um zu testen, wie detailliert Du liest. Alle, die sich den Text genau durchgelesen haben, werden bemerken, dass „eine vor kurzem durchgeführte Untersuchung der wilden Bienenarten in Europa" erwähnt wird und nicht die Wildbienenarten der ganzen Welt untersucht wurden. Das bedeutet, dass Aussage I nicht richtig ist.

Was Aussage II betrifft, wird im Text zwar erwähnt, dass Fischereipraktiken ein Problem sind und dass viele Fischarten vom Aussterben bedroht sind, wir verfügen aber nicht über genügend Informationen, um mit Sicherheit sagen zu können, dass Aussage II korrekt ist. Obwohl es logisch wäre anzunehmen, dass eine Verbindung zwischen dem Fischen und den vom Aussterben bedrohten Fischarten besteht, enthält der Text keine Hinweise darauf, dass ausschließlich Fischereipraktiken dafür verantwortlich sind. Andere vom Menschen geschaffene Probleme (wie Klimaveränderung, Umweltverschmutzung und Verlust von Lebensraum) könnten ebenfalls eine Rolle spielen – einige vom Aussterben bedrohte Fischarten werden eventuell gar nicht für den Konsum gefangen. Deshalb müssen wir annehmen, dass Aussage II ebenfalls nicht richtig ist.

5.6. Antwort: A

Aussage I ist richtig, da der Text folgende Passage enthält: „Von allen Arten, auf die Menschen den Planeten verändern, ist die Temperaturerhöhung, die sich aus der globalen Erwärmung ergibt, die gefährlichste."

Aussage II ist falsch, da im Text angegeben wird: „Falls sich der Planet um durchschnittlich 3 Grad Celsius erwärmt, werden laut Wissenschaftlern 8,5% der Tierarten der Welt vom Aussterben bedroht sein." Wir leiten daraus ab, dass 8,5% der Tierarten der Welt vom Aussterben bedroht sein würden, können allerdings nicht mit Sicherheit sagen, dass sie auch tatsächlich aussterben werden.

5.7. Antwort: A

Aussage I ist richtig. Wir wissen das aufgrund des folgenden Textteils: „Ohne zu bemerken, was sie tat, rannte die Maus über den Löwen, kitzelte ihn und weckte ihn auf." Das zeigt ganz klar, dass die Maus versehentlich – und nicht absichtlich – über den Löwen lief.

Aussage II ist falsch. Um zu dieser Schlussfolgerung zu gelangen, müssen wir uns den folgenden Textteil ansehen: „Er wusste nicht, wie eine so kleine Kreatur einem Löwen nutzen sollte, war von der Forderung der Maus aber so amüsiert, dass er sie laufen ließ." Der erste Teil dieses Satzes zeigt, dass der Löwe nicht glaubte, dass ihm die Maus den Gefallen je zurückzahlen würde können – er ließ sie aber trotzdem laufen. Der zweite Teil des Satzes erklärt den Grund dafür: Die Forderung der Maus hatte ihn amüsiert.

5.8. Antwort: D

Unsere Aufgabe ist es herauszufinden, ob diese Aussagen als explizite Fakten im Text genannt werden. Obwohl beide basierend auf dem Text sehr wahrscheinlich sind, können wir – unter Berücksichtigung der vorliegenden Informationen – nicht sagen, dass eine der beiden Aussagen definitiv wahr ist.

Was Aussage I betrifft, hätte der Löwe einen anderen Weg finden können, um sich zu befreien. Die Jäger hätten auch entscheiden können, den Löwen in einen Zoo zu bringen.

Was Aussage II betrifft wissen wir, dass der Löwe froh ist, dass ihn die Maus gerettet hat – das garantiert aber nicht, dass der Löwe die Maus nie wieder als Beute betrachten wird.

Aus diesem Grund müssen wir beide Aussagen als falsch einstufen und das bedeutet, dass Antwort D auszuwählen ist.

5.9. Antwort: D

Aussage I ist nicht richtig. Obwohl aus dem Text hervorgeht, dass die Resultate der Studie unter anderem auf problemorientierten Interviews basieren, erhalten wir keine Informationen darüber, welchen Anteil sie an der Studie hatten.

Aussage II ist ebenfalls nicht richtig, da uns der Text darüber informiert, dass das Kategoriensystem auf einer qualitativen Inhaltsanalyse basiert.

5.10. Antwort: B

Aussage I ist falsch, da der Zweck der qualitativen Inhaltsanalyse in der systematischen – und nicht der bildhaften – Verarbeitung von Kommunikationsmaterialien besteht.

Aussage II ist so richtig, da die qualitative Inhaltsanalyse laut Text auch formelle Aspekte und latente Bedeutungen berücksichtigt.

5.11. Antwort: D

Aussage I ist falsch, da aus dem letzten Satz des Texts deutlich hervorgeht, dass David Schwierigkeiten hat, seine musischen (= künstlerischen, kreativen) Fähigkeiten einzusetzen.

Aussage II ist auch falsch, da David zwar visuelle Hilfen nutzt, um sich Dinge besser zu merken – vom Hören ist jedoch keine Rede.

5.12. Antwort: A

Aussage I ist richtig, da sich David im Fach Deutsch stets ruhig verhält, aber im Fach Naturkunde stark dazu neigt, sich mit seinen Mitschülern zu unterhalten.

Aussage II ist nicht richtig. Der Text gibt zwar zu verstehen, dass sich David besonders für das zentrale Nervensystem interessiert. Der Text sagt aber nicht aus, dass David wirklich weiß, was das zentrale Nervensystem ist.

5.13. Antwort: B

Aussage I ist so falsch, da im Text steht, dass die Fotos je gut drei auf gut zwei Meter groß sind.

Aussage II ist so jedoch richtig: „Von der Stadt ist nichts zu sehen, nur der Fluss Chao Phraya, der (...) Unrat und Zivilisationsmüll mit sich führt."

5.14. Antwort: A

Aussage I ist richtig: „Lichtstreifen oder Lichtmosaiken, (...) amorphe, scheinbar fliegende Flecken."

Aussage II ist falsch: Die Stadt „Bangkok ist auf dem Bild „Bangkok" nicht erkennbar."

5.15. Antwort: D

Aussage I ist nicht richtig, da Banken nicht Thema der Diskussion sind.

Aussage II ist ebenso nicht richtig, da der Text explizit zu verstehen gibt, dass es fraglich sei, ob die Marktwirtschaft moralische Werte vermittelt.

5.16. Antwort: A

Aussage I ist richtig, da der Text zwar die Missstände beschreibt, aber keine konkreten Lösungsvorschläge enthält.

Aussage II ist nicht richtig, da sich der Text auch auf die Handlungen von Angestellten innerhalb eines Unternehmens bezieht.

5.17. Antwort: A

Aussage I ist richtig: Friedrich Ludwig Jahn, der spätere „Turnvater", hat 1811 einen Sportplatz für Turnübungen in der Hasenheide errichtet. Schulke bejaht die Frage, ob es als Outdoor Fitnessstudio beschrieben werden kann.

Aussage II ist falsch. Es wurde die Losung der französischen Revolution „Freiheit, Gleichheit, Brüderlichkeit" gelebt und nicht der deutsche Ansatz.

5.18. Antwort: A

Aussage I ist richtig: „Die Losung der französischen Revolution „Freiheit, Gleichheit, Brüderlichkeit" wurde hier gelebt und führte zu dem damals völlig neuen Konstrukt „Verein"."

Aussage II ist falsch: „Jahn war Demokrat, aufgeklärter Pädagoge und, insoweit militärisch, als er ein Vertreter der Wehrertüchtigung war, allerdings nur im Sinne eines Schutzkrieges, keines Angriffskrieges."

5.19. Antwort: A

Im Text steht, dass die Renovierung zur Wirkung der Schule beigetragen hat. Daher ist Aussage I richtig.

Aussage II ist falsch, sie ist dem Text nicht zweifelsfrei zu entnehmen. Die Nachfrage ist hoch, aber der Grund dafür wird nicht genannt.

5.20. Antwort: D

Aussage I ist nicht richtig, da der Text nicht klarstellt, dass die Räumlichkeiten durch die Renovierung groß geworden sind. Vielmehr ist es möglich, dass sie schon vorher groß gewesen sind.

Aussage II ist auch nicht richtig: Die Schule ist kreativ dekoriert, aber der Text besagt nicht ausdrücklich, dass die Schule ein kreatives Unterrichtsprogramm hat.

5.21. Antwort: A

Der Teil des Textes, der besagt, dass „... Zeitungen mit steigenden Produktionskosten (...) konfrontiert (sind)", zeigt deutlich, dass die Kosten für die Herstellung (= Druck) von Zeitungen teilweise für den Rückgang in der Branche verantwortlich sind. Aussage I ist daher richtig.

Aussage II ist falsch, da im Text von „eine(r) Reihe von Zeitungsfachleuten" die Rede ist. Es wird somit nicht gesagt, dass es sich um „die meisten" handelt.

5.22. Antwort: A

Aussage I ist richtig. Das wissen wir aus dem Textteil „Rund 350 Zeitungen in den USA haben ihr Geschäft eingestellt". Um die richtige Schlussfolgerung zu ziehen, müssen wir erkennen, dass „Geschäft einstellen" ein Synonym für „in Konkurs gehen" ist. Wir müssen auch erkennen, dass „über 300" möglicherweise „rund 350" bedeuten könnte.

Aussage II ist nicht richtig, da der Text besagt, dass die Print-Werbeeinnahmen im Jahre 2014 „die niedrigsten seit Beginn der Erfassung von Daten der Industrie" waren. Dies bedeutet, dass die Einnahmen zuvor möglicherweise niedriger gewesen sein könnten, da für diese Jahre keine Daten vorliegen. Wir müssen daher zu dem Schluss kommen, dass die Aussage II nicht aus dem Text abzuleiten ist.

FACHMODUL: REPRÄSENTATIONSSYSTEME FLEXIBEL NUTZEN

6.1 Antwort: D

Aussage I: Deutschland muss am Ende der Reihenfolge stehen und nicht zwischen dem Osmanischen Reich und Italien. Überlieferung bedeutet die mündliche oder schriftliche Weitergabe von Geschichten etc. Der Augsburger Arzt hat also nur von Kaffee be-richtet, den ersten Kaffee in Europa gab es jedoch in Venedig. Aussage I ist daher falsch.

Aussage II: Aus obengenannten Gründen muss Augsburg von der Aufzählung gestrichen werden. Aussage II ist falsch.

6.2 Antwort: C

Aussage I ist richtig: Wrestling wird erwähnt, steht aber nicht in der Grafik.

Aussage II ist auch richtig: Feldhockey ist zur gleichen Zeit wie Volleyball, nicht zur gleichen Zeit wie Lacrosse.

6.3 Antwort: D

Der Text besagt, dass Tommy im Mountainbiken-Team antritt. Dies schließt die Option C aus, in der kein Mountainbiken erwähnt wird. Der Text besagt auch, dass das Leichtathletikteam nur aus Mädchen besteht, aber Tommy ist Elizabeths Freund (und somit ein Junge). Daher kann Tommy nicht bei Leichtathletik mitmachen. Dies schließt A und B aus. Option D ist die einzig mögliche Antwort.

6.4 Antwort: C

Der Text besagt, dass Tommy im Mountainbiken-Team antritt. Dies schließt die Option C aus, in der kein Mountainbiken erwähnt wird. Der Text besagt auch, dass das Leichtathletikteam nur aus Mädchen besteht, aber Tommy ist Elizabeths Freund (und somit ein Junge). Daher kann Tommy nicht bei Leichtathletik mitmachen. Dies schließt A und B aus. Option D ist die einzig mögliche Antwort.

6.5 Antwort: C

Der Text besagt, dass der Buick Roadmaster zweimal gefahren wird, einmal als erstes Auto („das Auto, in dem er Fahren gelernt hat") und erneut während der Uni. Dadurch entfallen die Antwortmöglichkeiten B und D, die den Buick Roadmaster nur einmal auf-listen. Der Text besagt außerdem, dass der Prius vor dem Volkswagen Käfer gefahren wurde, wodurch die Antwortoption A wegfällt. Die richtige Antwort lautet also C.

6.6 Antwort: C

Die Optionen A und B sind falsch, da der Text besagt, dass Martin vor der Uni den Volkswagen Käfer hatte, aber in den Optionen steht, dass das Leihauto B während der Uni gefahren wurde. Option D ist auch falsch, da Martin den Prius hatte, bevor er den Volkswagen Käfer hatte, den er während der Uni fuhr (d. h. er hatte den Prius vor der Uni). Daher kann auch Leihwagen B nicht mit dem Prius gepaart werden. Nur Antwort C kann richtig sein.

6.7 Antwort: A

In der Tat würde die Anzahl 310 Meilen für einfache Strecken und 40 Meilen für Inter-valle betragen, wenn „Restanteil" von der Kategorie „Intervallworkouts" in die Kategorie „einfache Strecke" geschoben werden würde. Aussage I ist daher richtig.

Eine detailliertere Auflistung würde keine Änderung des Betrags der „Sonstiges" Kate-gorie als Ganzes bedeuten. Aus diesem Grund ist „Sonstiges" immer noch 40 Meilen lang und Aussage II ist nicht richtig.

6.8 Antwort: C

Wenn jemand die Hälfte seiner langen Strecken überspringt, läuft er 100 Meilen weni-ger (200/2 = 100). Aber wenn er seine Intervallworkouts verdoppelt, würde er 80 Meilen mehr laufen. Die Differenz beträgt 20 Meilen (-100 + 80 = -20). Insgesamt würde dies bedeuten, dass er 20 Meilen weniger läuft (Antwort C).

6.9 Antwort: B

Aussage I: Dieser Zweig ist nicht komplett richtig dargestellt, da die erstgeborene Tochter Maria Anna heißt und nicht, wie in der Abbildung geschrieben, Maria Alma. Daher ist Aussage I falsch.

Aussage II: Dieser Zweig ist richtig dargestellt. Die jeweils erstgenannten Geschwister, Justine Mahler und Arnold Rosé, sind verheiratet und haben die Kinder Alfred und Alma. Aussage II ist richtig.

6.10 Antwort: B

Aussage I ist falsch, weil der Text nicht besagt, dass mehr Einkommen zu mehr Jahren an Bildung führt, nur das umgekehrte Verhältnis wird beschrieben.

Aussage II ist richtig. Der Text erklärt, dass je mehr Jahre man an formale Bildung hat, desto später heiratet man (+). Je mehr Jahre an formale Bildung absolviert werden, desto größer ist auch der Verdienst (+). Einkommen und Alter bei der Heirat erhöhen beide die Wahrscheinlichkeit einer erfolgreichen Ehe (+). Dies bedeutet, dass Jahre an formaler Bildung, höheres Alter bei der Heirat und ein höheres Einkommen alle mit einer größeren Wahrscheinlichkeit einer erfolgreichen Ehe durch ein (+) verbunden sind.

6.11 Antwort: D

Option A geht fälschlicherweise davon aus, dass das Einkommen zum Alter bei der Heirat beiträgt

Option B besagt, dass je später man heiratet, desto geringer das Einkommen sei. Im Text steht nichts, was darauf hindeutet.

Bei Option C ist das Verhältnis zwischen Alter bei der Heirat und Wahrscheinlichkeit einer erfolgreichen Ehe umgekehrt (der Pfeil sollte in die andere Richtung weisen).

Option D ist richtig, da mehr Jahre an formeller Bildung mit einem höheren Einkommen und einem höheren Alter bei der Eheschließung verbunden sind. Dies steht so im Text.

6.12 Antwort: A

Da Max die Blutgruppe A hat, kann Mary nicht seine Mutter sein. Wir wissen, dass Sophie, Sarah und Max Geschwister sind. Daher ist Alice die Mutter von Max, Sarah und Sophie. Ben hat nur ein Geschwisterkind; er kann nicht der vollbürtige Bruder von Sophie, Sarah und Max sein. Ben hat grüne Augen wie seine Mutter und Laura hat blaue Augen wie ihre Mutter: Sie können keine Geschwister sein. George muss also Bens einziges Geschwisterteil sein und Laura muss die Schwester von Sophie, Sarah und Max sein.

6.13 Antwort: D

Aussage I: Diese Aussage ist falsch, da alle Domänen des Lebens aufgelistet sind.

Aussage II: Diese Aussage ist falsch, da X da steht, wo der Stamm sein sollte, nicht der Serotyp.

6.14 Antwort: C

Es steht im Text, dass E. Coli zu dem Phylum der Proteobakterien gehört, daher muss EIEC ebenfalls zum Phylum der Proteobakterien gehören.

6.15 Antwort: B

Aussage I: „Gemüse" wäre eine Unterkategorie von „Lebensmittel", stellt also einen Anteil der Lebensmittel dar. Daher würde sich der Betrag von „Lebensmittel" nicht erhöhen, sondern gleichbleiben. Aussage I ist also falsch.

Aussage II: Da der Betrag von „Versicherung" und „Servietten und Tischdecken" beides 400 € ist, würde der Betrag von „Weiteres" gleichbleiben. Da „Miete" nun aber eine Unterkategorie dazubekommt, muss man die neue Unterkategorie, „Versicherung", zu den bereits bestehenden dazurechnen. 2.500 € + 500 € + 500 € + 400 € = 3.900 €. Für die Gesamtkosten berechnet man: 3.900 € +2.500 € + 2.000 € + 2.000 € = 10.400 €. Aussage II ist damit richtig.

6.16 Antwort: B

Aussage I ist falsch: Der Text besagt, dass in den wärmeren Monaten mehr Eier gelegt werden. Dies bedeutet, dass je höher die Temperatur, desto mehr Eier gibt es: Temperatur $\xrightarrow{+}$ Eier. Das Verhältnis zwischen Sonnenlicht und Anzahl der Eier ist korrekt, da die Eier nachts gelegt werden. Weniger Sonnenlicht bedeutet mehr gelegte Eier: Sonnenlicht $\xrightarrow{-}$ Eier.

Aussage II ist richtig. Der Text besagt, dass sich Schnecken während einer Dürre verstecken, was bedeutet, dass je mehr Regen fällt, desto mehr Schnecken werden im Garten sein: Niederschlag $\xrightarrow{+}$ Schnecken. Der Text sagt uns auch, dass Gift, obwohl es nur vorübergehend vorhanden ist, die Anzahl der Schnecken im Garten reduziert: Gift $\xrightarrow{-}$ Schnecken.

6.17 Antwort: A

Aussage I ist richtig. Der Text sagt uns, dass je mehr Raupen, desto weniger Schnecken (Raupen $\xrightarrow{-}$ Schnecken). Außerdem wissen wir, dass weniger Schnecken zu weniger Schäden an Pflanzen führen (Schnecken $\xrightarrow{+}$ Schäden an Pflanzen). Wenn also mehr Raupen vorhanden sind, werden die Pflanzen weniger geschädigt: Raupen $\xrightarrow{-}$ Schäden an Pflanzen.

Aussage II ist falsch. Der Pfeil, der Schäden an Pflanzen mit dem Vorhandensein von Raupen bzw. Niederschlag verbindet, zeigt in die falsche Richtung. Er deutet fälschlicherweise darauf hin, dass Schäden an Pflanzen weniger Raupen und weniger Niederschlag verursachen. Der Pfeil, der Schäden an Pflanzen und die Schnecken miteinander verbindet, ist ebenfalls in die falsche Richtung gerichtet. Obwohl die Pfeile in Aussage II das richtige Vorzeichen (Plus oder Minus) haben, verwechseln sie die Kausalität. Da unser Ergebnis Schäden an Pflanzen ist, sollten die Pfeile auf diese zeigen.

6.18 Antwort: B

Deng Xiaoping war niemals Vorsitzender oder Generalsekretär der Kommunistischen Partei, sondern er gab für einige Zeit lediglich „die politische Richtung der Partei" vor. Daher können wir Antwort A und C ausschließen. Antwort D ist falsch, da Yang Shangkun nur Staatspräsident, jedoch nie Generalsekretär (Vorsitzender) war. Somit ist also Antwort B richtig.

6.19 Antwort: C

Aussage I ist richtig, weil weniger Rotwein zum Gewichtsverlust beitragen kann (weniger zu weniger bedeutet eine positive Beziehung: Gewichtszunahme $\xrightarrow{+}$ Rotwein) und Abnehmen senkt den Blutdruck (noch einmal, weniger zu weniger bedeutet mehr zu mehr; Gewichtszunahme $\xrightarrow{+}$ Blutdruck).

Aussage II ist richtig. Stress führt zu mehr Rotwein, $\xrightarrow{+}$, und Rotwein kann das Krebsrisiko senken, $\xrightarrow{-}$.

6.20 Antwort: B

Bei Antwort A sind die Beziehungen umgekehrt (der Pfeil zeigt in die falsche Richtung). Rotwein ist mit Gewichtsverlust durch $\xrightarrow{-}$ verbunden, und Bewegung ist mit Gewichtsverlust durch $\xrightarrow{+}$ verbunden, aber nicht umgekehrt. Antwort B stellt dies und auch das Verhältnis zwischen Rotwein und Bewegung richtig dar: Da das Trinken von Rotwein die Motivation für Bewegung verringert, Rotwein $\xrightarrow{-}$ Bewegung. Antwort C ist falsch, weil Bewegung den Gewichtsverlust fördert, Bewegung $\xrightarrow{+}$ Gewichtsverlust. Schließlich hat Antwort D das Verhältnis zwischen Bewegung und Rotwein umgekehrt (Pfeil zeigt in die falsche Richtung). Wir wissen nicht, dass Sport dazu führt, dass jemand weniger Wein trinkt. Wir wissen nur, dass Weintrinken die Motivation zum Sport verringern kann.

6.21 Antwort: A

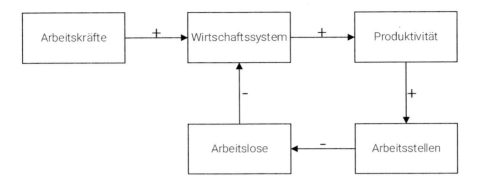

Aussage I: Wenn sich die Anzahl der Arbeitskräfte erhöht, wird auch das Wirtschaftssystem größer. Daher, Arbeitskräfte ——+——► *Wirtschaftssystem. Aussage I ist richtig.*

Aussage II: Der erste Pfeil ist richtig, da wenn sich die Produktivität erhöht, es auch mehr Arbeitsstellen gibt. Der zweite Pfeil ist falsch, da Arbeitslose ausgelassen worden sind, und zwischen Arbeitsstellen und Wirtschaftssystem (ohne Arbeitslose dazwischen) ein positiver Pfeil stehen müsste. Daher ist Aussage II falsch.

6.22 Antwort: B

Aussage I: Es ist richtig, dass bei mehr Koffein das ZNS mehr angeregt wird. Wenn das ZNS angeregt wird, steigt die Konzentration. Die Müdigkeit sinkt jedoch, daher müsste zwischen ZNS und Müdigkeit ein ——–——► *stehen. Aussage I ist falsch.*

Aussage II: Bei mehr Koffein wird der Durchmesser der Blutgefäße im Gehirn kleiner. Werden die Gefäße kleiner, nehmen die Kopfschmerzen zu. Beide Zusammenhänge sind richtig dargestellt. Aussage II ist daher richtig.

FACHMODUL: SPRACHSTRUKTUREN ERKENNEN

7.1. Antwort: D

Verb: lesen, schreiben = löeto, leöto, Lösungsmöglichkeiten: A, B, D

Personalpronomen: wir, er = kü, kö, Lösung: D

Zeitform: Vergangenheit (-zy) und Gegenwart, Lösung: D

Sonstige: und = tomo

7.2. Antwort: A

Verb: lesen, schreiben = löeto, leöto, Lösungsmöglichkeiten: A, D

Personalpronomen: ich, du = ku, ko, Lösungsmöglichkeiten: A, B

Zeitform: Zukunft (-mi), Lösung: A

Sonstige: und = tomo

7.3. Antwort: B

Personalpronomen: du = -qe, Lösungsmöglichkeiten: A, B.

Zeitform: Präsens. zo, was für die Vergangenheit steht, sollte in dem Satz nicht vorkommen. Die Antwort ist B.

Zusätzliche Hinweise:

- *Verb: gehen = tolumm-*

7.4. Antwort: A

Personalpronomen & Verb: ich fahre = qalogut; du schläfst = qemopu, Lösungsmöglichkeiten: A, D.

Zeitform: Präsens. zo, was für die Vergangenheit steht, sollte in dem Satz nicht vorkommen. Die Antwort ist A.

Zusätzliche Hinweise:

- *und = zö*

7.5. Antwort: C

Subjekt: die Architektin = moloztipe (siehe die Wiederholungen in dem ersten und dem dritten Satz), Lösungsmöglichkeiten: A, C.

Satzbau: Das Subjekt steht am Anfang des Satzes (vergleiche zum Beispiel, wo „moloztipe" im ersten und dritten Satz steht.). Die richtige Antwort ist C.

Zusätzliche Hinweise:

- *Verb: rufen = xax. (Wir vergleichen den zweiten Satz mit den Antwortsmöglichkeiten und suchen für Wiederholungen.)*
- *Das Verb steht am Ende des Satzes.*
- *Objekt: der Maler = lumetepi*

7.6. Antwort: B

Subjekt: die Praktikantin = maleztipe, Lösungsmöglichkeiten: A, B, C, D.

Satzbau: Das Subjekt steht am Anfang des Satzes. Mögliche Antworten: A, B

Verb: zeichnet = xoxiq. Das Verb steht am Ende des Satzes. Lösung: B

7.7. Antwort: D

Verb: sprechen = kom, Lösungsmöglichkeiten: A, B, C, D

Personalpronomen: du = loeqe, Lösung: D

Zeitform: Gegenwart, Lösung: D

7.8. Antwort: A

Verb: sprechen = kom, Lösungsmöglichkeiten: A, B, C, D

Personalpronomen: sie/ er = laeqe, Lösungsmöglichkeiten: A, B

Zeitform: Zukunft (-my), Lösung: A

7.9. Antwort: D

Verb: kommen = lamo Lösungsmöglichkeit: B, D

Personalpronomen: ihr = te, Lösung: D

Zeitform: Zukunft (xi-), Lösung: D

7.10. Antwort: A

Verb: kommen, bleiben = lamo, gamo, Lösungsmöglichkeiten: A, C

Personalpronomen: du = pe, Lösung: A

Zeitform: Gegenwart, Lösung: A

Sonstige: und = tilo

7.11. Antwort: A

Verb: schreiben = kito, Lösungsmöglichkeiten: A, B, D

Zeitform: Vergangenheit = nepc(siehe zweiter und dritter Satz), Lösung: A.

Zusätzliche Hinweise:

- *sie (plural) = baoz*
- *Satzbau bei Fragesatz: Am Satzanfang steht das Subjekt: Subjekt → (?) + Verb → Zeitform.*

7.12. Antwort: A

Personalpronomen & Verb: sie liest = zuxöm bao, Lösungsmöglichkeiten: A, B.

Zeitform: Futur = Das Zeichen „?" und „lem" schließen das Verb ein. Das bedeutet: er wird schreiben = ?kito lem ba. Die Antwort ist A.

Zusätzliche Hinweise:

- *und = toki (Das wissen wir erst, nachdem wir A als richtige Antwort identifiziert haben.)*

7.13. Antwort: A

Verb: fragen = nemg, Lösungsmöglichkeiten: A, C

Objekt: ihren Freund = tolo gümp, Lösungsmöglichkeiten: A, C

Subjekt: die Tochter = amörz (weiblich = a), Lösung: A

Zeitform: Gegenwart, Lösung: A

7.14. Antwort: C

Verb: besuchen = laczu, Lösungsmöglichkeiten: C, D

Objekt: seinen Vater = tolo leng-xe, Lösung: C

Subjekt: der Nachbar = ram, Lösung: C

Zeitform: Gegenwart, Lösung: C

Sonstige: gerne = rak

7.15. Antwort: A

Verb: schwimmen = rux, Lösungsmöglichkeiten: A, D

Personalpronomen: sie (singular) = ko, Lösungsmöglichkeiten: A, D

Zeitform: Zukunft (zy-), Lösungsmöglichkeiten: A, D

Sonstige: öfters = -lö-, Lösung: A

Fragesatz: Personalpronomen und Verb umgekehrt

7.16. Antwort: C

Verb: tanzen = mot, Lösungsmöglichkeiten: A, B, C, D

Personalpronomen: du = te, Lösungsmöglichkeiten: A, B, C, D

Zeitform: Gegenwart, Lösungsmöglichkeiten: A, B, C, D

Sonstige: regelmäßig = na-, Lösung: C

Fragesatz: Personalpronomen und Verb umgekehrt

7.17. Antwort: A

Verb: nehmen = lupi, Lösungsmöglichkeiten: A, D

Objekt: die Blume = ketloimo, Lösungsmöglichkeiten: A, D

Subjekt: der Mann = ketlomni, Lösungsmöglichkeiten: A, D

Personalpronomen: -

Zeitform: Gegenwart, Lösungsmöglichkeiten: A, D

Sonstige: gern = liop

Anhand der Beispiele erkennt man, dass das Verb immer am Ende des Satzes steht. Deswegen ist die Lösung A.

7.18. Antwort: A

Verb: lesen = oulem, Lösungsmöglichkeiten: A, C, D

Adjektiv: alt = elko, Lösungsmöglichkeiten: A, C

Objekt: das Buch = kitmoil, Lösungsmöglichkeiten: A, C

Subjekt: der Mann, die Frau = ketlomni, ketlinmi, Lösung: A

Zeitform: Gegenwart, Lösung: A

Sonstige: Anhand der Beispiele erkennt man, dass das Verb immer am Ende des Satzes steht.

7.19. Antwort: B

Verb:

- *spielen = tos, Lösungsmöglichkeiten: A, B, C, D.*
- *nep = ist, „ist" als Verb ist in dieser Frage nicht gefragt und steht zudem an falscher Stelle. Antwort D kann ausgeschlossen werden. Lösungsmöglichkeiten: A, B, C.*

Adjektiv: schwarz = -roxalk, Lösungsmöglichkeiten: A, B, C.

Subjekt: das Pferd = lemrasx-, Lösungsmöglichkeiten: B, C.

Objekt: der Rasen = lomnoly, Lösung: B

7.20. Antwort: C

Verb: sind = neplo, Lösungsmöglichkeiten: A, B, C, D.

Adjektiv: müde = minorz, Lösungsmöglichkeiten: A, B, C, D.

Subjekt: die Katze, der Junge = lomvelz, lamvoxs, Lösungsmöglichkeiten: A, C.

Das folgende Wort ist in Antwortmöglichkeit A enthalten, aber nicht Teil des gesuchten Satzes: schwarz = roxalk. Die richtige Antwort ist C.

7.21. Antwort: A

Verb: erschrecken = upla, Lösungsmöglichkeiten: A, D

Objekt: (die) Nachbarin = sosd, Lösungsmöglichkeiten: A, D

Subjekt: (das) Feuer = poz, Lösungsmöglichkeiten: A, D

Zeitform: Gegenwart, Lösungsmöglichkeiten: A, D

Sonstige: Anhand der vorhandenen Beispiele erkennt man, dass das Subjekt immer am Anfang des Satzes steht. Lösung: A

7.22. Antwort: B

Verb: hören = slu, Lösungsmöglichkeiten: A, B, D

Objekt: Musik = telv, Lösungsmöglichkeiten: A, B, D

Subjekt: (die) Frau = zel, Lösungsmöglichkeiten: B, D

Zeitform: Gegenwart, Lösungsmöglichkeiten: B, D

Sonstige: (in der) Küche = govt Lösungsmöglichkeit: B, D; Anhand der vorhandenen Beispiele, erkennt man, dass das Subjekt immer am Anfang des Satzes steht. Lösung: B

APPENDIX: ANTWORTBÖGEN

	Quantitative Probleme lösen			
	A	B	C	D
1	☐	☐	☐	☐
2	☐	☐	☐	☐
3	☐	☐	☐	☐
4	☐	☐	☐	☐
5	☐	☐	☐	☐
6	☐	☐	☐	☐
7	☐	☐	☐	☐
8	☐	☐	☐	☐
9	☐	☐	☐	☐
10	☐	☐	☐	☐
11	☐	☐	☐	☐
12	☐	☐	☐	☐
13	☐	☐	☐	☐
14	☐	☐	☐	☐
15	☐	☐	☐	☐
16	☐	☐	☐	☐
17	☐	☐	☐	☐
18	☐	☐	☐	☐
19	☐	☐	☐	☐
20	☐	☐	☐	☐
21	☐	☐	☐	☐
22	☐	☐	☐	☐

Beziehungen erschließen				
	A	**B**	**C**	**D**
1	☐	☐	☐	☐
2	☐	☐	☐	☐
3	☐	☐	☐	☐
4	☐	☐	☐	☐
5	☐	☐	☐	☐
6	☐	☐	☐	☐
7	☐	☐	☐	☐
8	☐	☐	☐	☐
9	☐	☐	☐	☐
10	☐	☐	☐	☐
11	☐	☐	☐	☐
12	☐	☐	☐	☐
13	☐	☐	☐	☐
14	☐	☐	☐	☐
15	☐	☐	☐	☐
16	☐	☐	☐	☐
17	☐	☐	☐	☐
18	☐	☐	☐	☐
19	☐	☐	☐	☐
20	☐	☐	☐	☐
21	☐	☐	☐	☐
22	☐	☐	☐	☐

Muster ergänzen						
	A	**B**	**C**	**D**	**E**	**F**
1	☐	☐	☐	☐	☐	☐
2	☐	☐	☐	☐	☐	☐
3	☐	☐	☐	☐	☐	☐
4	☐	☐	☐	☐	☐	☐
5	☐	☐	☐	☐	☐	☐
6	☐	☐	☐	☐	☐	☐
7	☐	☐	☐	☐	☐	☐
8	☐	☐	☐	☐	☐	☐
9	☐	☐	☐	☐	☐	☐
10	☐	☐	☐	☐	☐	☐
11	☐	☐	☐	☐	☐	☐
12	☐	☐	☐	☐	☐	☐
13	☐	☐	☐	☐	☐	☐
14	☐	☐	☐	☐	☐	☐
15	☐	☐	☐	☐	☐	☐
16	☐	☐	☐	☐	☐	☐
17	☐	☐	☐	☐	☐	☐
18	☐	☐	☐	☐	☐	☐
19	☐	☐	☐	☐	☐	☐
20	☐	☐	☐	☐	☐	☐
21	☐	☐	☐	☐	☐	☐
22	☐	☐	☐	☐	☐	☐

Zahlenreihen fortsetzen

	-	0	1	2	3	4	5	6	7	8	9
01	☐	☐	☐	☐	☐	☐	☐	☐	☐	☐	☐
02	☐	☐	☐	☐	☐	☐	☐	☐	☐	☐	☐
03	☐	☐	☐	☐	☐	☐	☐	☐	☐	☐	☐
04	☐	☐	☐	☐	☐	☐	☐	☐	☐	☐	☐
05	☐	☐	☐	☐	☐	☐	☐	☐	☐	☐	☐
06	☐	☐	☐	☐	☐	☐	☐	☐	☐	☐	☐
07	☐	☐	☐	☐	☐	☐	☐	☐	☐	☐	☐
08	☐	☐	☐	☐	☐	☐	☐	☐	☐	☐	☐
09	☐	☐	☐	☐	☐	☐	☐	☐	☐	☐	☐
10	☐	☐	☐	☐	☐	☐	☐	☐	☐	☐	☐
11	☐	☐	☐	☐	☐	☐	☐	☐	☐	☐	☐
12	☐	☐	☐	☐	☐	☐	☐	☐	☐	☐	☐
13	☐	☐	☐	☐	☐	☐	☐	☐	☐	☐	☐
14	☐	☐	☐	☐	☐	☐	☐	☐	☐	☐	☐
15	☐	☐	☐	☐	☐	☐	☐	☐	☐	☐	☐
16	☐	☐	☐	☐	☐	☐	☐	☐	☐	☐	☐
17	☐	☐	☐	☐	☐	☐	☐	☐	☐	☐	☐
18	☐	☐	☐	☐	☐	☐	☐	☐	☐	☐	☐
19	☐	☐	☐	☐	☐	☐	☐	☐	☐	☐	☐
20	☐	☐	☐	☐	☐	☐	☐	☐	☐	☐	☐
21	☐	☐	☐	☐	☐	☐	☐	☐	☐	☐	☐
22	☐	☐	☐	☐	☐	☐	☐	☐	☐	☐	☐

Texte verstehen und interpretieren			
	A	**B**	**C**	**D**
1	☐	☐	☐	☐
2	☐	☐	☐	☐
3	☐	☐	☐	☐
4	☐	☐	☐	☐
5	☐	☐	☐	☐
6	☐	☐	☐	☐
7	☐	☐	☐	☐
8	☐	☐	☐	☐
9	☐	☐	☐	☐
10	☐	☐	☐	☐
11	☐	☐	☐	☐
12	☐	☐	☐	☐
13	☐	☐	☐	☐
14	☐	☐	☐	☐
15	☐	☐	☐	☐
16	☐	☐	☐	☐
17	☐	☐	☐	☐
18	☐	☐	☐	☐
19	☐	☐	☐	☐
20	☐	☐	☐	☐
21	☐	☐	☐	☐
22	☐	☐	☐	☐

Repräsentationssysteme flexibel nutzen			
	A	B	C	D
1	☐	☐	☐	☐
2	☐	☐	☐	☐
3	☐	☐	☐	☐
4	☐	☐	☐	☐
5	☐	☐	☐	☐
6	☐	☐	☐	☐
7	☐	☐	☐	☐
8	☐	☐	☐	☐
9	☐	☐	☐	☐
10	☐	☐	☐	☐
11	☐	☐	☐	☐
12	☐	☐	☐	☐
13	☐	☐	☐	☐
14	☐	☐	☐	☐
15	☐	☐	☐	☐
16	☐	☐	☐	☐
17	☐	☐	☐	☐
18	☐	☐	☐	☐
19	☐	☐	☐	☐
20	☐	☐	☐	☐
21	☐	☐	☐	☐
22	☐	☐	☐	☐

Simulation – Geistes-, Kultur- und Gesellschaftswissenschaften

Sprachstrukturen erkennen			
A	**B**	**C**	**D**
1 ☐	☐	☐	☐
2 ☐	☐	☐	☐
3 ☐	☐	☐	☐
4 ☐	☐	☐	☐
5 ☐	☐	☐	☐
6 ☐	☐	☐	☐
7 ☐	☐	☐	☐
8 ☐	☐	☐	☐
9 ☐	☐	☐	☐
10 ☐	☐	☐	☐
11 ☐	☐	☐	☐
12 ☐	☐	☐	☐
13 ☐	☐	☐	☐
14 ☐	☐	☐	☐
15 ☐	☐	☐	☐
16 ☐	☐	☐	☐
17 ☐	☐	☐	☐
18 ☐	☐	☐	☐
19 ☐	☐	☐	☐
20 ☐	☐	☐	☐
21 ☐	☐	☐	☐
22 ☐	☐	☐	☐

Simulation – Geistes-, Kultur- und Gesellschaftswissenschaften

NACHWORT

Obwohl wir den Inhalt mehrmals auf Richtigkeit überprüft haben, können wir Fehler nicht ausschließen. Solltest Du eine Unstimmigkeit entdecken, dann nimm bitte Kontakt mit uns auf. Neben Hinweisen auf Fehler freuen wir uns natürlich auch über weiteres Feedback, Lob, Kritik oder sonstige Anmerkungen.

Lohnenswert ist außerdem ein Blick auf unsere Homepage www.testasprep.com. Hier findest Du viele nützliche Informationen über den TestAS sowie unsere E-Books auf Deutsch und Englisch.

Wir wünschen Dir viel Erfolg!

Dein edulink-Team

WEITERE BÜCHER UNSERER VORBEREITUNGSREIHE FÜR DEN TESTAS

Unsere Reihe „Vorbereitung für den TestAS Kerntest" als gedrucktes Buch findest Du auf Amazon. Die Vorbereitungsbücher für das Fachmodul „Geistes-, Kultur- und Gesellschaftswissenschaften" sind auf www.testasprep.com als eBook erhältlich und kommen demnächst auch zu Amazon!

1. *Vorbereitungsbuch für den TestAS Kerntest:*
Leitfaden für den TestAS und Muster ergänzen

Inhalt:

- Hinweise zum Ablauf der Prüfung und weitere nützliche Infos rund um den TestAS

- drei komplette Test-Sets mit 66 Fragen

- ausführliche Lösungsstrategien

2. Vorbereitungsbuch für den TestAS Kerntest: Quantitative Probleme lösen

Inhalt:

- Wiederholung der wichtigsten mathematischen Grundlagen

- über 120 Übungsaufgaben mit detaillierten Lösungswegen

- vier komplette Test-Sets mit 88 Fragen zur optimalen Vorbereitung

3. Vorbereitungsbuch für den TestAS Kerntest: Beziehungen erschließen und Zahlenreihen fortsetzen

Inhalt:

- umfangreiche Aufgabensammlung mit über 140 Übungsaufgaben

- wertvolle Hilfestellungen und Lösungsstrategien für eine optimale Vorbereitung

- pro Aufgabengruppe jeweils drei komplette Test-Sets mit über 60 Fragen

1. Vorbereitungsbuch für den TestAS Geistes-, Kultur und Gesellschaftswissenschaften: Texte verstehen und interpretieren & Repräsentationssysteme flexibel nutzen

Inhalt:

- Erläuterung und Übungsaufgaben zu den einzelnen Textsorten

- Erklärung der verschiedenen Fragetypen und Abbildungsarten

- wertvolle Hilfestellungen für eine optimale Vorbereitung

- zwei komplette Test-Sets mit 44 Fragen zur optimalen Vorbereitung

2. Vorbereitungsbuch für den TestAS Geistes-, Kultur und Gesellschaftswissenschaften: Sprachstrukturen erkennen

Inhalt:

- ausführliche Lösungsstrategien zum Übersetzen der „Sprachen" ins Deutsche

- Übungsaufgaben zu den verschiedenen Lösungstypen und Aufgabenarten

- wertvolle Hilfestellungen für eine optimale Vorbereitung

- vier komplette Test-Sets mit 88 Fragen

DATENSCHUTZBESTIMMUNGEN

Der Schutz und die Sicherheit Deiner personenbezogenen Daten ist uns sehr wichtig. Diese Daten werden nicht für Werbezwecke genutzt oder an Dritte weitergegeben. Die edulink GmbH verarbeitet, insbesondere speichert, personenbezogene Daten von Teilnehmern an dem Preisausschreiben ausschließlich für die Dauer und zum Zwecke der Durchführung und Abwicklung des Preisausschreibens. Deine Daten werden auf Grundlage von Art. 6 Abs. 1 Buchstabe b DSGVO verarbeitet. Die edulink GmbH verarbeitet folgende Kategorien von personenbezogenen Daten: Name und Kontaktdaten. Der Teilnehmer kann jederzeit ohne Angabe von Gründen von seinem Widerspruchsrecht Gebrauch machen und die erteilte Einwilligungserklärung zur Verarbeitung und Speicherung der personenbezogenen Daten widerrufen. Sie können den Widerruf entweder postalisch oder per E-Mail an die edulink GmbH übermitteln. Ferner besteht ein Recht auf Auskunft, Berichtigung, Sperrung und Löschung Deiner personenbezogenen Daten. Eine Übermittlung an ein Drittland findet nicht statt. Personenbezogene Daten werden nicht veröffentlicht. Auf Anfrage senden wir Dir ein Gesamtdokument gemäß Art. 13 DSGVO zu.

Rechtliche Hinweise: Veranstalter der Preisausschreibung und verantwortlich ist die edulink GmbH (Anschrift: Schubertstr. 12, 80336 München, Telefon: +49-89-9975-6141, E-Mail: info@edu-link.de). Mitarbeiter und Familienangehörige der edulink GmbH sind von der Teilnahme ausgeschlossen. Die Preisverteilung erfolgt bis zum 15. des Folgemonats. Enddatum des Preisausschreibens ist der 31.01.2021. Der Gewinner wird von uns per E-Mail benachrichtigt. Der Gutschein wird per E-Mail in digitaler Form versendet. Eine Barauszahlung oder Übertragbarkeit des Gewinns auf andere Personen ist ausgeschlossen. Ein Umtausch sowie Mängelgewährleistungsrechte bezüglich des Gewinns sind ausgeschlossen. Die Bekanntgabe des Gewinners erfolgt ohne Gewähr. Der Rechtsweg ist ausgeschlossen.

Jederzeitige Beendigung der Preisausschreibung: Die edulink GmbH kann zu jedem Zeitpunkt ohne Vorankündigung und Abgabe von Gründen die Preisausschreibung abbrechen oder beenden. Von diesem Recht kann die edulink GmbH insbesondere dann Gebrauch machen, wenn eine ordnungsgemäße Durchführung der Preisausschreibung aus technischen oder rechtlichen Gründen nicht mehr möglich sein sollte.

Abschlussbestimmungen: Der Rechtsweg ist ausgeschlossen. Diese Teilnahmebedingungen sowie alle sich daraus ergebenden Rechtsverhältnisse unterliegen ausschließlich dem Recht der Bundesrepublik Deutschland, soweit kein anderer ausschließlicher Gerichtsstand gesetzlich vorgeschrieben ist. Sollten einzelne Bestimmungen dieser Teilnahmebedingungen ungültig sein oder werden, bleibt die Gültigkeit der übrigen Teilnahmebedingungen hiervon unberührt.

Printed in Great Britain
by Amazon